GIANTS OF SCIENCE · GIGANTES DE LA CIENCIA

ALBERT EINSTEIN

The Theory of Relativity

La teoría de la relatividad

BLACKBIRCH PRESS

An imprint of Thomson Gale, a part of The Thomson Corporation

THOMSON

GALE

Detroit · New York · San Francisco · San Diego · New Haven, Conn. · Waterville, Maine · London · Munich

For more information, contact
The Gale Group, Inc.
27500 Drake Rd.
Farmington Hills, MI 48331-3535
Or you can visit our Internet site at http://www.gale.com

Photo credits: Cover: © Corbis Images; Archiv fur Kunst: 14, 19 right, 23, 45, 49, 59; Camera Press, Karsh of Ottowa: 12, 13, 25; Hulton-Deutsch Collection: 44, 52 bottom, 54 right, 58; International News Photos courtesy AIP Niels Bohr Library: 56; Image Bank: 22 (Barry Gay), 52 top (Jak Rajs) 53 (Grant v. Faint); Jean-Loup Charmet: 9 top, 16, 40; Magnum Erich Lessing: 19 below, 26; © Martin Breese, Retrograph Archive: 9 below, 50; Mary Evans Photo Library: 17, 55; Mike Lacey: 30; Popperfoto: 42 top, 60; Portfolio Pictures: 42 right; Prisma: 20 above, 20 right: Robert Hunt Library: 54 below; Science Photo Library: 4 (Jerry Schad), inset (Dr. Fred Espenak), 33 (Tony Craddock), 35 (U.S. Navy), 60 above left (David Parker) 60 above right.

LIBRARY OF CONGRESS CATALOGING-IN-PUBLICATION DATA

McDonald, Fiona, 1942–
  [Albert Einstein. Spanish & English]
  Albert Einstein / By Fiona McDonald.
    p. cm. — (Giants of science bilingual)
  Text in Spanish and English.
  Includes bibliographical references and index.
  ISBN 1-4103-0504-X (hard cover : alk. paper)
  1. Einstein, Albert, 1879–1955—Biography—Juvenile literature. 2. Physicists—United States—Biography—Juvenile literature. I. Title. II. Series.

  QC16.E5M3518 2005
  530'.092—dc22

                                                                    2004026920

Printed in China
10 9 8 7 6 5 4 3 2 1

CONTENTS

Moving Stars 5
Einstein's Thoughts 6
How Does Light Travel? 6
A New Theory of Gravity 7
Einstein's Theory Wins 8
A Theory That Changed the World 10
Birth of a Genius 12
Music and Mathematics 13
Success at School 15
Leaving Germany 16
Top Marks 18
Close Friendships 20
The Patent Office 22
Einstein Marries Mileva Maric 24
Creative Times 25
Newton's Laws of Motion and Gravity 26
Measuring Distance 28
Measuring Time 31
Measuring the Speed of Light 32
A Surprising Find 35
Einstein's Answer 36
Einstein's Famous Equation 37
Life Changes 39
World War I 40
Einstein Becomes Popular 41
A Change of Pace 44
The Forces of Nature 46
Working for Peace 47
Einstein's Awards 48
Einstein's Jewish Soul 51
The Nazis 53
Moving to America 55
Working for Peace and Justice 57
Remembering Einstein 58
Important Dates 61
Glossary 63
Index 64

CONTENIDO

Estrellas que se mueven 5
Lo que Einstein pensaba 6
¿Cómo viaja la luz? 6
Una nueva teoría de la gravedad 7
Gana la teoría de Einstein 8
Una teoría que cambió al mundo 10
Nace un genio 12
Música y matemáticas 13
Éxito en la escuela 15
Dejar Alemania 16
Excelentes notas 18
Grandes amistades 20
La Oficina de Patentes 22
Einstein se casa con Mileva Maric 24
Una época de creatividad 25
Las leyes del movimiento y de la gravedad de Newton . . 26
Medir la distancia 28
Medir el tiempo 31
Medir la velocidad de la luz 32
Un hallazgo sorprendente 35
La respuesta de Einstein 36
La famosa ecuación de Einstein 37
Un cambio de vida 39
Primera Guerra Mundial 40
Einstein se hace popular 41
Un cambio de ritmo 44
Las fuerzas de la naturaleza 46
Trabajando para la paz 47
Los premios de Einstein 48
El alma judía de Einstein 51
Los nazis 53
Mudanza a los Estados Unidos 55
Trabajando para la paz y la justicia 57
Recordando a Einstein 58
Fechas importantes 61
Glosario 63
Índice 64

Top: The Sun and the planets belong to the Milky Way galaxy. The Milky Way galaxy has about 200 billion stars. These stars are in a part of the galaxy called Aquila (the eagle). The vastness of space fascinated Einstein.

Arriba: El Sol y los planetas son parte de la galaxia llamada la Vía Láctea. La Vía Láctea tiene aproximadamente 200 mil millones de estrellas. Estas estrellas están en una parte de la galaxia llamada Aquila (el águila). A Einstein lo fascinaba la inmensidad del espacio.

Bottom: Astronomers used an eclipse of the Sun in 1919 to test Einstein's theories about the bending of light coming from stars.

Abajo: Los astrónomos usaron un eclipse del Sol en 1919 para probar las teorías de Einstein sobre el doblamiento de la luz que proviene de las estrellas.

Moving Stars

It was the afternoon of November 6, 1919. The meeting room at London's Royal Society was crowded with the most important scientists in Europe. Everyone listened as two of the scientists described what they had learned.

The two scientists, Andrew Crommelin and Arthur Eddington, were astronomers. They had been studying the sky from Brazil and West Africa. The two men had taken photographs of stars. Normally, the stars they photographed could only be seen at night. But sometimes, they could be seen in the daytime during an eclipse of the Sun. In an eclipse of the Sun, the light from the Sun is blocked by another object in the sky. The sky becomes dark, so certain stars can be seen from Earth.

The two astronomers photographed the stars during an eclipse of the Sun. But when they looked at the photographs, they saw that the stars were not where they should have been. They seemed to have jumped sideways. This was impossible of course, yet the photographs

Estrellas que se mueven

Fue en la tarde del 6 de noviembre de 1919. Los científicos más importantes de Europa llenaban la sala de reuniones de la Sociedad Real de Londres. Todos escuchaban a dos de los científicos describir lo que habían aprendido.

Los dos científicos, Andrew Crommelin y Arthur Eddington, eran astrónomos. Habían estado estudiando el cielo desde Brasil y el Oeste de África. Los dos hombres habían sacado fotos de las estrellas. Normalmente, las estrellas que fotografiaban sólo se podían ver de noche. Pero, a veces, se podían ver de día durante un eclipse del Sol. Durante un eclipse solar, la luz del Sol es bloqueada por algún otro cuerpo en el cielo. El cielo se pone oscuro, por lo que se pueden ver ciertas estrellas desde la Tierra.

Los dos astrónomos habían fotografiado las estrellas durante un eclipse del Sol. Pero, cuando vieron las fotos, descubrieron que las estrellas no estaban donde debían haber estado. Parecían haber saltado a un costado. Esto era imposible, por supuesto, sin embargo las fotos lo probaban. ¿Qué estaba

> " This is the most important result . . . connected with the theory of [gravity] since Newton's day. [It is] one of the highest achievements of human thought. "
> —J.J. Thomson, president of the Royal Society, speaking about the photographs that proved Einstein's theory was correct

> " Éste es el resultado más importante . . . relacionado con la teoría de la [gravedad] desde el tiempo de Newton. [Es] uno de los logros más altos del pensamiento humano. "
> —J.J. Thomson, presidente de la Sociedad Real, hablando sobre las fotos que probaban que la teoría de Einstein era correcta

proved it. What on Earth—or rather, in space—was going on?

Einstein's Thoughts

Albert Einstein was not at all surprised at the photographs. In fact, he had known the men had taken the photographs, and he was delighted with what they showed. Only a few years before, in 1915, Einstein had guessed that light rays from distant stars would bend as they passed the Sun. The bending of light would make the stars look as if they had moved when they were seen from Earth. Albert Einstein had even guessed how much the light would be bent. That means he had even guessed how far the stars would appear to have changed positions.

Today, these guesses Einstein made are known as his theory of relativity. In 1915, Einstein knew that if his guesses were right, they would change what people knew about how the universe worked. Crommelin and Eddington had taken the photographs in order to test what Einstein believed about the bending of light. If Einstein were right, then the science people believed at the time was wrong.

How Does Light Travel?

According to Einstein's theory of relativity, light does not travel in straight lines. It passes through space using the shortest possible path.

Lo que Einstein pensaba

Albert Einstein no estaba sorprendido para nada por las fotos. Es más, él sabía que los hombres habían sacado las fotos, y estaba encantado con lo se veía en ellas. Sólo unos pocos años antes, en 1915, Einstein había dicho que los rayos de luz de estrellas lejanas se doblarían cuando pasaran el Sol. El doblamiento de la luz haría que pareciera que las estrellas se habían movido cuando se las viera desde la Tierra. Albert Einstein había acertado cuánto se doblaría la luz. Esto quiere decir que aún había acertado cuánta distancia las estrellas parecerían haberse movido.

En la actualidad, esto que había dicho Einstein se conoce como la teoría de la relatividad. En 1915, Einstein sabía que si sus predicciones eran correctas, cambiarían lo que la gente sabía sobre la manera en que funcionaba el universo. Crommelin y Eddington habían sacado las fotos para probar lo que decía Einstein sobre el doblamiento de la luz. Si Einstein estaba acertado, pues lo que creían los científicos en ese momento era incorrecto.

¿Cómo viaja la luz?

Según la teoría de la relatividad de Einstein, la luz no viaja en línea recta. La luz pasa por el espacio siguiendo el camino más corto posible.

Normally, the shortest path would be a straight line. But sometimes the shortest path is curved. This explained why the light from the stars in the photographs took a curved path. That curved path was the shortest possible route. Knowing this, Einstein figured out that space itself must be curved. No one had ever said this before. Space seemed vast and formless. How could space be curved? Einstein's theory went against some basic scientific laws.

Before Albert Einstein, scientists thought that space was flat. They also thought that every object exerted a force, or pushed or pulled on, the objects around it. This pushing and pulling force is called gravity. Scientists thought that the Sun's gravity pulled Earth toward it. Earth is smaller than the Sun. Scientists thought that because of gravity, Earth moved in a curved path around the Sun.

A New Theory of Gravity

Einstein claimed that what sci-

Normalmente, el camino más corto sería una línea recta. Pero a veces, el camino más corto es curvo. Esto explica por qué la luz de las estrellas en las fotos tomó un camino curvo. Ese camino curvo era la ruta más corta posible. Al saber esto, Einstein se dio cuenta de que el mismo espacio debía ser curvo. Nadie había dicho esto antes. El espacio parecía ser inmenso y sin forma. ¿Cómo podía ser curvo el espacio? La teoría de Einstein iba en contra de algunas leyes básicas de la ciencia.

Antes de Einstein, los científicos pensaban que el espacio era plano. También pensaban que cada objeto ejercía una fuerza, es decir, empujaba o atraía, a los objetos que tenía alrededor. Este rechazo y atracción se llama gravedad. Los científicos pensaban que la gravedad del Sol atraía a la Tierra hacia él. La Tierra es más pequeña que el Sol. Los científicos pensaban que, debido a la gravedad, la Tierra se movía en un camino curvo alrededor del Sol.

Una nueva teoría de la gravedad

Einstein decía que lo que los cientí-

> I asked Einstein, 'Do you believe that absolutely everything can be expressed scientifically?' 'Yes,' he replied. '[But] It would make no sense. It would be description without meaning.'
> —Hedwig Born, wife of scientist Max Born

> Le pregunté a Einstein, '¿Usted cree que absolutamente todo puede expresarse científicamente?' 'Sí', respondió. [Pero] No tendría sentido. Sería una descripción sin sentido.
> —Hedwig Born, esposa del científico Max Born

entists believed about how gravity worked was wrong. Gravity did not cause objects like Earth to move through space, Einstein said. He believed that the Sun and other collections of matter in space caused space itself to curve. According to Einstein, it was not the Sun pulling Earth toward it that explained Earth's orbit. Just as the rays of light coming from stars followed a curved path, Earth too followed a curved path. Earth orbited the Sun because it was taking the straightest path possible through curved space.

Einstein's Theory Wins

Back at the Royal Society meeting, the scientists continued to discuss the surprising photographs. At times, people argued. Einstein's theory was hard to understand. Most of the scientists did understand the importance of the photographs, however. They showed that Einstein had made an important discovery. Still, his theory went against what had seemed to

ficos creían sobre cómo funcionaba la gravedad era incorrecto. Einstein dijo que no era la gravedad lo que hacía que los objetos, como la Tierra, se movieran a través del espacio. Él creía que el Sol y otras acumulaciones de materia hacían que el mismo espacio se curvara. Según Einstein, no era el Sol el que atraía hacia él a la Tierra lo que explicaba la órbita de la Tierra. De la misma forma que los rayos de luz que venían de las estrellas seguían un camino curvo, la Tierra también seguía un camino curvo. La Tierra orbitaba alrededor del Sol porque estaba tomando el camino más recto a través de un espacio curvo.

Gana la teoría de Einstein

Mientras tanto, en la reunión de la Sociedad Real, los científicos seguían hablando de las sorprendentes fotos. A veces, los miembros discutían. La teoría de Einstein era difícil de entender. Sin embargo, la mayoría de los científicos entendían la importancia de las fotos. Éstas mostraban que Einstein había hecho un importante descubrimiento. Pero, la teoría de Einstein iba en contra de lo que había parecido tener

Einstein era tan famoso que estaba en las tapas de revistas de todo el mundo. Era muy poco común que un científico se volviera tan famoso.

Einstein was so famous he was on magazine covers all over the world. It was unusual for a scientist to become so famous.

ALBERT EINSTEIN

Comment
je vois
le monde

FLAMMARION

Bibliothèque de Philosophie scientifique

make sense for a long time. Many scientists did not believe that Einstein was right.

At the meeting, however, the president of the Royal Society called Einstein's theory one of the greatest achievements in history. The day after the meeting, Einstein was famous. Newspapers all over the world agreed with the president of the Royal Society. Einstein had made history. For the rest of his life, he was rarely out of the news. In 1927, he wrote a poem about being so famous. "Wherever I go and wherever I stay, there's always a picture of me on display," the poem began.

A Theory That Changed the World

Einstein had become famous because his theory of relativity changed people's understanding of the universe. His theory answered many questions that had puzzled scientists for a long time.

Einstein's discoveries were not easy to understand, however. A story about Eddington explains just how hard to understand they really were. A newspaper reporter asked Eddington a question.

sentido por mucho tiempo. Muchos científicos no creían que Einstein estuviera acertado.

Sin embargo, en la reunión, el presidente de la Sociedad Real dijo que la teoría de Einstein era uno de los más grandes logros de la historia. El día después de la reunión, Einstein se volvió famoso. Los periódicos de todo el mundo estuvieron de acuerdo con el presidente de la Sociedad Real. Einstein había hecho historia. Por el resto de su vida, eran raros los días en que no se lo mencionó en las noticias. En 1927, escribió un poema acerca de su gran fama. "Dondequiera que vaya y dondequiera que esté, siempre hay una foto mía", así comenzaba el poema.

Una teoría que cambió al mundo

Einstein se había vuelto famoso porque su teoría de la relatividad cambió la forma en que la gente entendía al universo. Su teoría contestaba muchas preguntas que habían intrigado a los científicos durante mucho tiempo.

Pero, los descubrimientos de Einstein no eran fáciles de entender. Una historia sobre Eddington explica lo difíciles de entender que realmente eran. Un periodista le hizo una pregunta a Eddington. "Muy bien, profesor", empezó el perio-

"Now, Professor," the reporter began, "I have come to see you, to ask you to explain to our readers just what is it that's so important about Einstein's theory. I believe that you are one of the only three people in the world who really understand it." There was a long pause before Eddington answered. "Is there anything the matter, Professor?" the reporter asked. "No, nothing's the matter," Eddington answered. "I am just trying to think who the third person is!"

In time, more and more people began to understand Einstein's theory. The theory of relativity was used to make astonishing discoveries about how the universe works. Einstein's theory led scientists to ask questions about the universe they had never asked before. These questions led to important discoveries. Einstein's theory helped astronomers make discoveries about space. It also helped other scientists develop nuclear weapons, nuclear medicine, and nuclear power.

Albert Einstein was famous for his entire life. Even when he was very old, people got excited when

dista, "lo vine a ver para pedirle que explique a nuestros lectores por qué es tan importante la teoría de Einstein. Yo creo que usted es una de las tres únicas personas en el mundo que realmente entiende la teoría". Eddington hizo una larga pausa antes de contestar. "¿Le ocurre algo, profesor?" preguntó el periodista. "No, no me ocurre nada", contestó Eddington. "¡Estoy tratando de pensar quién puede ser esa tercera persona!"

Con el tiempo, más y más gente comenzó a entender la teoría de Einstein. La teoría de la relatividad fue usada para hacer asombrosos descubrimientos acerca de cómo funciona el universo. La teoría de Einstein hizo que los científicos se hicieran preguntas sobre el universo que nunca se habían hecho antes. Estas preguntas llevaron a importantes descubrimientos. La teoría de Einstein ayudó a los astrónomos a hacer descubrimientos en el espacio. También ayudó a otros científicos a desarrollar las armas nucleares, la medicina nuclear y la energía nuclear.

Albert Einstein era famoso toda su vida. Hasta cuando era muy viejo, la gente se entusiasmaba

66 He is, of course, best known for his theory of relativity, which brought him to world fame. . . . [But] to his amazement, he became a living legend. . . . [He was] entertained by royalty [and other famous people], and treated in public and press as if he were a movie star rather than a scientist. 99
—Banesh Hoffmann, from a book called *Einstein*

66 Él es, por supuesto, más conocido por su teoría de la relatividad, que fue la que le dio fama mundial . . . [Pero] para su propia sorpresa, se convirtió en una leyenda viviente. . . . [Él] fue recibido por la nobleza [y otra gente famosa], y tratado por el público y la prensa como si fuera una estrella de cine, en vez de un científico. 99
—Banesh Hoffmann, en un libro llamado *Einstein*

Einstein's father, Hermann

Hermann, el padre de Einstein

they saw him. One day, someone drove down a street near Einstein's home in Princeton, New Jersey. Einstein happened to be walking home from lunch. The driver was so excited to see the scientist that he lost control of his car and crashed into a tree.

Birth of a Genius

Albert Einstein was born on March 14, 1879, in Ulm, Germany. He was the first child of Hermann Einstein and his wife, Pauline. From the time he was very young, people noticed Albert. For one thing, he had an unusually shaped head. His mother was concerned about this. She thought he might be a slow learner or have even more serious problems. Albert was slow learning to talk.

Albert was a quiet child who liked to spend time alone. He liked to read and listen to music. People who visited the Einstein house commented that Albert always read books that taught him something. From a very young age he was determined to learn about the world and to

cuando lo veía. Un día, alguien conducía por una calle cerca de la casa de Einstein en Princeton, Nueva Jersey. En ese momento, Einstein estaba caminando a su casa, después de su almuerzo. El conductor se emocionó tanto al ver científico que perdió control del carro y chocó contra un árbol.

Nace un genio

Albert Einstein nació el 14 de marzo de 1879, en Ulm, Alemania. Fue el primer hijo de Hermann Einstein y su esposa, Pauline. Desde muy pequeño, Albert se hizo notar. Una razón era que su cabeza tenía una forma poco usual. Su madre estaba preocupada por esto. Ella pensaba que Einstein podría tener problemas para estudiar o tener problemas aún más serios. Albert tardó mucho en aprender a hablar.

Albert era un chico quieto, al que le gustaba estar solo. Le gustaba leer y escuchar música. La gente que visitaba a la familia Einstein comentaba que Albert siempre leía libros que le enseñaban algo. Desde que tenía pocos años, Albert estuvo decidido a aprender sobre el mundo y a

take the time to learn things right. His mother remembered that Albert would often spend hours building tall houses made of cards.

Albert was quiet, but he was not shy. In fact, he had a temper. For a while, he was taught at home, and one time, he made a teacher very angry. The teacher refused to continue teaching him after he lost his temper and threw a chair at her. Albert learned to control his temper, but he remained very strong-willed.

He also had a good imagination. One Sunday, his parents took him to see a parade. They thought he would enjoy the drums, the soldiers, and all the excitement. But at the parade, Albert burst into tears. Later at home, he told his parents that the sight of so many people moving together had frightened him. The parade had made Albert think of a huge, scary machine.

Music and Mathematics

Albert grew up in a warm, loving home. He was close to his parents and his younger sister, Maja, for all of his life. Albert's parents

tomarse su tiempo para aprender bien las cosas. Su madre recordaba que Albert pasaba horas construyendo altas casas con naipes.

Albert era quieto, pero no era tímido. Es más, tenía un temperamento fuerte. Por un tiempo, lo educaron en casa, pero una vez hizo enojar mucho a su maestra. Ésta se rehusó a continuar enseñándole después que Einstein se enojó con ella y le arrojó una silla. Albert aprendió a controlar su temperamento, pero siempre tuvo un carácter fuerte.

Albert también tenía una gran imaginación. Un domingo, sus padres lo llevaron a ver un desfile. Pensaron que a Einstein le iban a gustar los tambores, los soldados y toda la emoción. Pero, en el desfile, Albert se puso a llorar. Más tarde, ya en casa, les dijo a sus padres que ver a tanta gente moverse juntamente le había dado miedo. A Albert, el desfile le había parecido una máquina enorme y espantosa.

Música y matemáticas

Albert creció rodeado de amor y cordialidad. Toda su vida quería mucho a sus padres y a Maja, su hermana menor. Los padres de Al-

Einstein's mother, Pauline

Pauline, la madre de Einstein

were very talented. Pauline played the piano. Albert said later that he learned to love music by listening to his mother play the piano. She was very bright and had a great respect for learning. She encouraged Albert and his sister to work hard at school.

Hermann was an engineer. He had always been good at mathematics, but his family had been too poor to send him to college. So Hermann started a business with his younger brother, Jakob. In 1885, Hermann's family moved to Munich. Munich is the capital of the German state of Bavaria. In Munich, Hermann and his brother started a factory.

From a very young age, Albert showed a strong interest in science and mathematics. When he was five years old, his father gave him a compass. This simple present marked a turning point in Albert's life. The needle of the compass fascinated Albert. It seemed as if some invisible force had a grip on the needle, making it point north. Albert was so excited about this mysterious force that he trembled and grew cold. From then on, he wanted to learn

bert habían mucho talento. Pauline tocaba el piano. Albert dijo más tarde que había aprendido a amar la música al escuchar a su madre tocar el piano. Pauline era muy inteligente y sentía mucho respeto a la educación. Ella animó a Einstein y a su hermana a estudiar mucho en la escuela.

Hermann era ingeniero. Siempre había tenido talento para las matemáticas, pero su familia había sido demasiado pobre para enviarlo a la universidad. Por eso, Hermann empezó un negocio con su hermano menor, Jakob. En 1885, Hermann se mudó a Munich con su familia. Munich es la capital del estado de Bavaria, Alemania. En Munich, Hermann y su hermano abrieron una fábrica.

Desde muy joven, Albert mostraba un gran interés en la ciencia y las matemáticas. Cuando tenía cinco años, su padre le dio una brújula. Este simple regalo marcó un momento importante en la vida de Einstein. La aguja de la brújula fascinaba a Albert. Parecía como si una fuerza invisible la sujetara y la hiciera señalar hacia el norte. Albert estaba tan entusiasmado con esta fuerza misteriosa que temblaba y sentía frío. Desde ese momento,

just what that force was.

Albert had a lot of questions about the universe and how it worked. He asked his father and his uncle Jakob many of these questions. How does darkness happen? What are the Sun's rays made of? What would it be like to travel down a beam of light? Albert wanted to know the answers to all these things. He was fascinated with science and with numbers.

Albert's uncle Jakob liked to send him mathematical puzzles. Whenever Albert found the answers to the puzzles, he felt as if he had caught a glimpse of some mysterious pattern. Finding the answers to these puzzles brought Albert a lot of happiness. He wanted to learn all he could about mathematics and science. He longed to learn more about the mysterious pattern that seemed to explain the order of the world.

Success at School

Albert loved to learn, but he did not like school very much. He did not enjoy spending time with the other boys. But Albert worked hard and did well at his studies. In 1886, when he was seven, his mother wrote a proud letter to Albert's grandmother. "Yesterday Albert received his grades, he was again number one," she said in the letter. "His report card was brilliant."

By the time Albert was ten, he had begun to study mathematics in his free time. At that time, a medical student named Max Talmud often had supper at the Einstein home. Max lent Albert his books on science and philosophy. Philoso-

quería aprender qué era esa fuerza.

Albert hacía muchas preguntas sobre el universo y sobre cómo funcionaba. Le hizo muchas de estas preguntas a su padre y a su tío. ¿Por qué existe la oscuridad? ¿De qué están hechos los rayos del Sol? ¿Cómo sería viajar en un rayo de luz? Albert quería saber las respuestas de todas estas preguntas. Estaba fascinado con la ciencia y con los números.

A Jakob, el tío de Albert, le gustaba enviarle acertijos matemáticos. Cada vez que Einstein resolvía los acertijos, sentía como si hubiera visto un poco de un patrón misterioso. A Einstein le daba mucha alegría resolver estos acertijos. Él quería aprender todo lo que podía sobre matemáticas y ciencias. Deseaba aprender más sobre el misterioso patrón que parecía explicar el orden del mundo.

Éxito en la escuela

A Albert le encantaba aprender, pero no le gustaba mucho la escuela. No le gustaba pasar el rato con otros chicos. Pero Albert estudió mucho y le fue bien en sus estudios. En 1886, cuando tenía siete años, su madre Pauline le escribió con mucho orgullo a la abuela de él: "Ayer Albert recibió sus notas, nuevamente fue el primero", dijo en la carta. "Su boletín de notas es brillante".

Cuando Albert tenía diez años, comenzó a estudiar matemáticas en su tiempo libre. En ese momento, un estudiante de medicina, Max Talmud, cenaba con frecuencia en la casa de los Einstein. Max le prestó a Albert sus libros de

The main square in Munich looked much like this when the Einsteins lived in the city.

Así era como se veía la plaza principal de Munich cuando Einstein vivió en la ciudad.

phy is the study of human thought and how it explains the world. Another friend gave Albert a book on geometry. Geometry is a branch of mathematics that deals with the measurement of shapes. Albert loved the way the ideas of geometry seemed to make perfect sense.

Leaving Germany

In 1894, Albert was fifteen years old. His father's business began to lose money, so the Einsteins decided to leave Munich and move to Italy. Albert stayed in Munich to finish his schooling, however. But he still did not like school. Often, he angered the teachers, even when he did nothing wrong. One of his

ciencias y de filosofía. La filosofía es el estudio del pensamiento humano y de cómo este pensamiento explica el mundo. Otro amigo le dio a Albert libros de geometría. La geometría es una rama de las matemáticas que trata de la medición de figuras. A Albert le encantaba la manera en que las ideas de la geometría parecían tener perfecto sentido.

Dejar Alemania

En 1894, Albert tenía quince años. El negocio de su padre empezó a perder dinero, por lo que la familia Einstein decidieron dejar Munich y mudarse a Italia. Pero Albert se quedó en Munich para terminar su educación. La escuela todavía no le gustaba. Con frecuencia, hacía enojar a los maestros, aunque no hiciera nada malo. Uno de sus maes-

This picture of German troops appeared in a magazine printed around 1899.

Este dibujo de tropas alemanas apareció en una revista publicada alrededor de 1899.

teachers said he would prefer it if Albert did not come to his lessons. When Albert asked why, the teacher agreed that Albert had done nothing wrong. But, the teacher said, "You sit in the back row and smile." The teacher thought that showed a lack of respect.

In 1895, when Albert was sixteen, he left school and moved to Italy to join his parents. If he had stayed in Germany until he was seventeen, he would have been forced to join the army. Albert hated war and fighting and did not want to join the army.

But his parents were angry that he had left school. Albert promised to study at home, however. He also promised to take a test that

tros dijo que prefería que Albert no fuera a las clases que él enseñaba. Cuando Albert le preguntó por qué, el maestro dijo que Albert no había hecho nada malo. Pero, luego dijo: "Te sientas en la última fila y te sonríes". El maestro pensaba que esto era una falta de respeto.

En 1895, cuando Albert tenía dieciséis años, dejó la escuela y fue a Italia a reunirse con sus padres. Si se hubiera quedado en Alemania hasta los diecisiete años, habría estado obligado a alistarse en el ejército. Albert odiaba la guerra y las peleas, y no quiso alistarse.

Pero sus padres se enojaron porque Albert había dejado la escuela. Albert prometió estudiar en casa. También prometió tomar un examen que

would allow him to study at the Institute of Technology. The Institute of Technology was a college in Zurich, Switzerland, where Albert hoped to study science and mathematics. But Albert failed the test.

Albert started attending school in Aarau, Switzerland. He planned to try again to pass the test for the Institute of Technology, and he hoped that the school in Aarau would help prepare him. Albert liked the school in Aarau. He liked his teacher. He also thought the school was more relaxed than the schools in Germany.

As Albert prepared for the test, he wrote an essay. He called it "My Plans for the Future." The essay explained why he wanted to study science and mathematics. "I imagine myself becoming a teacher," Albert wrote in the essay. Albert went on to explain that he wanted to teach mathematics and science. He thought like a mathematician, he wrote. He also liked the fact that, as a scientist, he could do much of his studying alone.

Top Marks

In 1896, Albert got a diploma from the school in Aarau. He was seventeen years old. The diploma meant that he did not have to take the test he had planned to take. He could start school at the Institute of Technology right away. Albert had made excellent grades at the school in Aarau. He had made especially good grades in science and mathematics.

Albert worked hard at the Institute of Technology.

le permitiría estudiar en el Instituto Politécnico. Este instituto era una universidad en Zurich, Suiza, donde Albert quería estudiar ciencias y matemáticas. Pero Albert no pasó el examen.

Albert empezó a asistir a la escuela en Aarau, Suiza. Planeaba pasar el examen para entrar al Instituto Politécnico, y tenía la esperanza de que la escuela de Aarau lo ayudara a prepararse. A Albert le gustaba la escuela de Aarau. Le gustaba su maestro. También pensaba que la escuela era más informal que las escuelas en Alemania.

Mientras Albert se preparaba para el examen, escribió un ensayo. Lo tituló "Mis planes para el futuro". En el ensayo explicaba por qué quería estudiar ciencias y matemáticas. Albert escribió: "Imagino que voy a ser maestro". Albert continuó explicando que quería enseñar matemáticas y ciencias. También dijo que él pensaba como un matemático. Y que le gustaba el hecho de que, como científico, podría estudiar en gran parte solo.

Excelentes notas

En 1896, Albert recibió un diploma de la escuela de Aarau. Tenía diecisiete años. El diploma significaba que no tenía que tomar el examen para el instituto. Podía empezar a estudiar en el Instituto Politécnico inmediatamente. Albert había recibido excelentes notas en la escuela de Aarau. Sus notas en ciencias y matemáticas habían sido especialmente buenas.

Albert estudió mucho en el Instituto Politécnico.

Right: This is Albert Einstein in 1895. He was sixteen years old. He had just decided to leave school in Germany and join his family in Italy.

Below: Albert studied in this science lab at the Institute of Technology in Zurich.

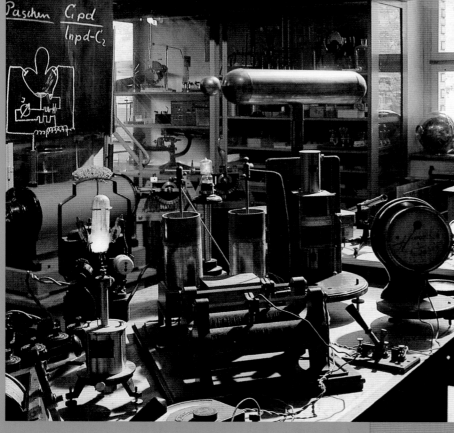

Arriba: Así era Albert Einstein en 1895. Tenía dieciséis años de edad. Acababa de decidir que iba a dejar la escuela en Alemania y unirse a su familia en Italia.

Izquierda: Albert estudió en este laboratorio de ciencias en el Instituto Politécnico de Zurich.

Above: This is the front of the Institute where Einstein studied.

Right: Einstein loved living in Zurich, Switzerland. He became a Swiss citizen in 1901.

Extrema izquierda: Ésta es la fachada del instituto donde estudió Albert.

Izquierda: A Einstein le encantaba vivir en Zurich, Suiza. Se hizo ciudadano suizo en 1901.

As he had explained in his essay, he planned to become a teacher of science and mathematics. At school, Albert read a lot and performed experiments. He thought a lot about the universe and how it worked. One of his teachers, Heinrich Weber, spoke sharply to him one day. "You are a smart boy, Einstein, a very smart boy," the teacher said. "But you have one great fault. You do not let yourself be told anything." Albert did not like Weber's teaching. Albert complained that Weber talked about the same topics he had always talked about and ignored the exciting new developments in science.

Close Friendships

Albert made close friends at the school in

Como había explicado en su ensayo, planeaba ser maestro de ciencias y matemáticas. En la escuela, Albert leyó mucho e hizo experimentos. Pensó mucho sobre el universo y sobre cómo funcionaba. Uno de sus maestros, Heinrich Weber, le habló duramente un día. "Eres un muchacho inteligente, Einstein, un muchacho muy inteligente", le dijo el maestro. "Pero tienes un gran defecto. No aceptas que te digan nada". A Albert no le gustaba cómo enseñaba Weber. Albert se quejaba de que Weber hablaba sobre los mismos temas de los que siempre había hablado e ignoraba los emocionantes avances nuevos de la ciencia.

Grandes amistades

Albert había hecho muy buenos amigos en la es-

Zurich. Two students, Marcel Grossman and Michele Angelo Besso, were two of Albert's closest friends. The three of them discussed math problems together. They went to concerts together too, and often, they got together in coffee shops and talked. The three remained friends for the rest of their lives.

During his time in college, Albert met another student named Mileva Maric. Mileva was also studying science and mathematics, and she liked to question things, just like Albert did. Albert liked Mileva. She was very bright, and she fed his imagination. Albert spent many long hours with Mileva discussing his most exciting scientific ideas.

Albert loved talking about science with Mileva. He was excited about science, but he preferred to study alone. Albert never did enjoy learning science in the classroom. His friend, Marcel Grossman, understood that Albert worked better on his own. So Marcel lent Albert his class notes so he could pass the tests without going to class.

Albert passed the tests and finished his schooling at the Institute of Technology. He left the institute in 1900. Albert knew it was important to finish his schooling, but he had not been happy about studying science in the classroom. He had been so unhappy, in fact, that it took about a year after he finished school for him to enjoy science again.

cuela de Zurich. Dos estudiantes, Marcel Grossman y Michele Angelo Besso, fueron dos de sus amigos más cercanos. Los tres hablaban sobre problemas de matemáticas. También iban juntos a conciertos y, con frecuencia, se encontraban en cafés para charlar. Los tres continuaron siendo amigos durante toda la vida.

Durante el tiempo que pasó en la escuela, Albert conoció a una estudianta llamada Mileva Maric. Mileva también estudiaba ciencias y matemáticas, y le gustaba cuestionar las cosas, igual que a Albert. A él le gustaba Mileva. Ella era muy inteligente, y animaba la imaginación de él. Albert pasaba muchas horas con Mileva hablando sobre las ideas científicas que más lo entusiasmaban.

A Albert le encantaba hablar de ciencia con Mileva. Estaba entusiasmado con las ciencias, pero prefería estudiar solo. A Albert nunca le gustó estudiar ciencias en un salón de clases. Su amigo, Marcel Grossman, entendió que Albert trabajaba mejor solo. Por eso, le prestaba sus notas de clase para que pudiera pasar los exámenes sin asistir a clases.

Albert pasó los exámenes y terminó su educación en el Instituto Politécnico. Dejó el instituto en 1900. Albert sabía que era importante terminar sus estudios, pero no había sido feliz estudiando ciencias en los salones de clases. Es más, había sido tan infeliz, que después de terminar la escuela, le llevó un año volver a disfrutar de la ciencia nuevamente.

This is the famous clock tower in Bern, Switzerland. Einstein worked in Bern in the Patent Office.

Ésta es la famosa torre con reloj en Berna, Suiza. Einstein trabajó en la Oficina de Patentes en Berna.

The Patent Office

Now out of school, Einstein began to look for work. His arguments with Heinrich Weber meant that Einstein would not be teaching at the Institute of Technology. But Einstein wanted to teach, so he wrote to famous scientists at two other colleges asking for a job.

Einstein never heard from these two scientists. For nearly a year, he searched for a job teaching college. Finally, Einstein got a job, but he was teaching younger children. The job was not what he had wanted, but he found that he enjoyed it.

Einstein also continued to work on his own. He studied science, and he began to write papers for science journals. Journals are magazines that are written by experts. In the articles he wrote for the science journals, Einstein described many new ideas.

In June 1902, Marcel Grossman, Einstein's friend from the Institute of Technology, helped Einstein find a new job. Einstein began working at the Patent Office in Bern, Switzerland.

La Oficina de Patentes

Luego de terminar la escuela, Einstein comenzó a buscar trabajo. Sus discusiones con Heinrich Weber fueron la causa de que Einstein no enseñara en el Instituto Politécnico. Pero Einstein quería enseñar, por lo que escribió a famosos científicos de otras dos universidades pidiendo trabajo.

Einstein nunca recibió respuesta de estos dos científicos. Durante casi un año, buscó trabajo enseñando en una universidad. Por fin, consiguió un trabajo, pero era enseñando a niños. El trabajo no era lo que había querido, pero Einstein descubrió que le gustaba.

Einstein también continuó estudiando por su cuenta. Estudió ciencias y comenzó a escribir artículos para publicaciones científicas. Estas pu-blicaciones eran revistas escritas por expertos. En los artículos que escribió para estas publicaciones, Einstein describió muchas ideas nuevas.

En junio de 1902, Marcel Grossman, amigo de Einstein desde la época del Instituto Politécnico, lo ayudó a encontrar un nuevo trabajo. Einstein empezó a trabajar en la Oficina de Patentes de Berna, Suiza. Las patentes son los papeles que dan a

This is a picture of Einstein in 1902. He had just started work at the Bern Patent Office.

Ésta es una foto de Einstein en 1902. Recientemente había comenzado a trabajar en la Oficina de Patentes de Berna.

Patents are papers that give inventors the right to own their inventions. Patents prevent other inventors from stealing ideas.

Einstein had an important job at the Patent Office. He and a team of other science experts read and examined the work of many inventors. Einstein found his job interesting. It also paid well and left him plenty of time to work on inventions of his own. Einstein did well at the Patent Office and was quickly given an even better job there. Soon, the Director of the Patent Office said that Einstein was one of the most highly respected experts in the office.

Einstein Marries Mileva Maric

While Einstein worked at the Patent Office, he married Mileva Maric. Einstein admired Maric, and he loved that she enjoyed science as much as he did. Maric had a lot of interesting ideas, and the two had talked about their ideas a lot when they went to school together at the institute. Later, they had continued to write letters to each other about their scientific theories.

Maric was different from many women of this time period. In the late 1800s, she was one of the few women who went to college. She was also one of even fewer women who chose to study science and mathematics.

No one knows for sure when Einstein and Maric decided to get married. Probably it was in 1901, right after Einstein finished his

los inventores el derecho a ser dueño de sus inventos. Las patentes evitan que otros inventores les roben las ideas.

Einstein tenía un trabajo importante en la Oficina de Patentes. Él y un equipo de otros expertos en ciencias leían y examinaban el trabajo de muchos inventores. Einstein encontró que su trabajo era interesante. También le pagaban bien y él tenía mucho tiempo libre para trabajar en sus propias invenciones. A Einstein le fue bien en la Oficina de Patentes y muy pronto le dieron un mejor trabajo en la misma oficina. En poco tiempo, el Director de la Oficina de Patentes dijo que Einstein era uno de los expertos más respetados de la oficina.

Einstein se casa con Mileva Maric

Cuando Einstein trabajaba en la Oficina de Patentes, se casó con Mileva Maric. Einstein admiraba a Maric y le encantaba que a ella le gustara la ciencia tanto como a él. Maric tenía muchas ideas interesantes, y los dos habían hablado mucho sobre sus ideas cuando asistían al Instituto Politécnico. Más tarde, habían continuado escribiéndose cartas sobre sus teorías científicas.

Maric era diferente de muchas otras mujeres de su época. Hacia fines del siglo diecinueve, Maric era una de las pocas mujeres que había asistido a la universidad. Y era una de las muy pocas mujeres que había elegido estudiar matemáticas y ciencias.

Nadie sabe con seguridad cuándo Einstein y Maric decidieron casarse. Probablemente fue en 1901, inmediatamente después de que Einstein terminó sus estudios en el Instituto. Pero a la madre

Einstein married Mileva Maric in 1903. Here she is with their two sons, Eduard (left) and Hans Albert (right).

Einstein se casó con Mileva Maric en 1903. Aquí se ve Mileva con sus dos hijos, Eduard (izquierda) y Hans Albert (derecha).

schooling at the Institute. But Einstein's mother never liked Maric, and his family was not happy about the marriage. Finally, Einstein went against his family's wishes and married Maric anyway. He married her in January 1903, just a few weeks after his father, Hermann, died.

Creative Times

In the early years of their marriage, Einstein was very happy. He had a job he enjoyed and a smart wife who helped him in his work. And he was delighted to become a father. His first son, Hans Albert, was born in May 1904. His second son, Eduard, was born in July 1910.

During this time, Einstein continued writing for scientific journals. Also, he and two other

de Einstein nunca le había gustado Maric, y su familia no estaba contenta con la idea del matrimonio de ellos. Por fin, Einstein actuó en contra de los deseos de su familia y se casó con Maric. Se casaron en enero de 1903, sólo unas pocas semanas después de que murió Hermann, el padre de Einstein.

Una época de creatividad

En los primeros años de su matrimonio, Einstein era muy feliz. Tenía un trabajo que le gustaba y una esposa inteligente que lo ayudaba en su trabajo. Y le encantó ser padre. Su primer hijo, Hans Einstein, nació en mayo de 1904. Su segundo hijo, Eduard, nació en julio de 1910.

Durante este tiempo, Einstein continuó escribiendo para publicaciones científicas. Además,

Einstein worked at this desk.

Einstein trabajaba en este escritorio.

scientists formed a club. The three men got together often to enjoy simple meals of sausage, cheese, fruit, and tea, and to discuss their ideas.

From 1905 to 1915, the young Einstein had a lot of creative ideas. Many of these ideas changed the way scientists understood the world. The year 1905 was an especially creative year for Einstein. In this year he wrote two papers that explained his theory of relativity. In his papers, he used mathematics to explain his ideas.

Newton's Laws of Motion and Gravity

In order to understand how Einstein changed science, it helps to know what people believed before Einstein's time. Before Einstein, most scientists believed in the theories of Isaac

él y otros dos científicos habían formado un club. Los tres hombres se reunían frecuentemente para disfrutar de sencillas comidas de salchichas, queso, frutas y té, y para hablar sobre sus ideas.

De 1905 a 1915, el joven Einstein tuvo muchas ideas originales. Muchas de estas ideas cambiaron la forma en que los científicos entendían al mundo. En especial, el año 1905 fue un año de gran creatividad para Einstein. En ese año escribió dos artículos que explicaban su teoría de la relatividad. En estos artículos, Einstein usó las matemáticas para explicar sus ideas.

Las leyes del movimiento y de la gravedad de Newton

Para entender cómo Einstein cambió las ciencias, es útil saber qué creía la gente antes de la época de Einstein. Antes de Einstein, la mayoría

Newton. Newton was a great scientist who had lived in the seventeenth century. Newton studied hard and did experiments. Then he developed laws that explained his findings.

Newton developed three laws that explained motion. These laws explained how all objects in the universe move. Newton's first law of motion explained that all objects remain still until they are pushed or pulled by an outside force. Newton's second law of motion explained that the more massive an object is, the more force is needed to move it. His third law of motion explained that for every action, there is an equal and opposite reaction. According to these laws, nothing happens without a cause.

Newton also discovered the law of gravity. Gravity is the force that attracts objects to each other. Gravity, Newton explained, pulled objects toward Earth. How much gravity pulled on an object depended on how big and heavy, or how much mass, an object had. The bigger or more massive an object, the

de los científicos creían en las teorías de Isaac Newton. Newton fue un gran científico que vivió en el siglo diecisiete. Newton estudió mucho e hizo muchos experimentos. Después, elaboró leyes que explicaban sus hallazgos.

Newton elaboró tres leyes que explicaban el movimiento. Estas leyes explicaban cómo se mueven todos los objetos en el universo. La primera ley de Newton decía que todos los objetos permanecen en reposo hasta que son empujados o atraídos por una fuerza externa. La segunda ley de Newton decía que cuanto más masa tiene un objeto, más fuerza se necesita para moverlo. Su tercera ley del movimiento decía que para toda acción, existe una reacción igual y opuesta. De acuerdo con estas leyes, nada ocurre sin una causa.

Newton también había descubierto la ley de la gravedad. La gravedad es la fuerza que atrae a los objetos entre sí. La gravedad, había explicado Newton, atraía a los objetos hacia la Tierra. La cantidad de gravedad que atraía a un objeto dependía del tamaño y del peso del objeto, es decir, cuánta masa tenía el objeto. Cuanto más masa tiene un

66 When I have no special problem to occupy my mind, I like to [rework] proofs of mathematical and physical [problems I have worked on.] There is no purpose in this, [just] to indulge the pleasant occupation of thinking. 99
—Einstein, in a letter he wrote to his friend, Heinrich Zangger, in 1918

66 Cuando no tengo ningún problema especial en que ocupar mi mente, me gusta [volver a pensar] sobre pruebas matemáticas y físicas [de problemas en los que he trabajado.] Lo hago sin ningún propósito específico, [sólo] para tener el placer de pensar. 99
—Einstein, en una carta que escribió a su amigo, Heinrich Zangger, en 1918

bigger the pull.

When Newton developed his laws, they were big news. They explained things that no one had understood before. Newton's laws explained how the planets orbited the Sun, for example. For a long time, scientists used Newton's laws to explain how things happened in the universe. But scientists had a lot of questions about Newton's laws. Then, 200 years later, Albert Einstein developed a new set of laws. Einstein's laws answered many of the questions the scientists had.

Measuring Distance

For a long time, scientists had struggled to find the best way to measure the distance between objects in the universe and the time between events. Newton's laws did not explain how to do this. In fact, Newton had believed that time and distance between any two objects or events could be measured correctly if there were only big enough rulers. Einstein studied the problem. Then, he used

objeto, más fuerte es la atracción.

Cuando Newton elaboró sus leyes, éstas eran completamente nuevas. Explicaban cosas que nadie había entendido antes. Las leyes de Newton explicaban cómo los planetas orbitaban alrededor del Sol, por ejemplo. Durante mucho tiempo, los científicos habían usado las leyes de Newton para explicar cómo ocurrían las cosas en el universo. Pero los científicos se hacían muchas preguntas sobre las leyes de Newton. Doscientos años después, Albert Einstein desarrolló un nuevo conjunto de leyes. Las leyes de Einstein contestaron muchas de las preguntas que se hacían los científicos.

Medir la distancia

Por mucho tiempo, los científicos habían tratado de encontrar la mejor manera de medir la distancia entre objetos en el universo y el tiempo entre eventos. Las leyes de Newton no explicaban cómo hacer esto. En realidad, Newton había creído que el tiempo y la distancia entre dos objetos o eventos cualesquiera podrían medirse correctamente si hubiera reglas lo suficientemente grandes. Einstein estudió el problema. Después, usó el ejemplo de un tren en

an example of a moving train to explain what he learned.

Imagine a train moving along a railroad track, Einstein explained. In one of the cars, a hungry passenger is eating a sandwich. As the passenger takes two bites of the sandwich, the train speeds past a station. To the passenger, it seems as if the two bites were taken at the same place. But to a person standing at the station, it would seem as if the passenger had taken the two bites at different places. A person at the station would see the passenger take one bite when the train was at one point on the track, and the other bite when the train had moved to another point.

Einstein wanted to explain how to measure the distance between bites. He wanted to determine the sandwich's true position in space. (Here, the word *space* is used to mean the area of the universe.) Who knew the real position of the sandwich, Einstein wondered. Was it the passenger who ate the sandwich or the person at the station?

Imaginen un tren que se mueve sobre una vía, dijo Einstein. En uno de los carros, un pasajero con hambre está comiendo un sándwich. Mientras el pasajero come dos bocados del sándwich, el tren pasa por una estación. Al pasajero le parece que ha comido esos dos bocados en el mismo sitio. Pero a una persona parada en la estación, le parecería que el pasajero había comido esos dos bocados en diferentes sitios. Una persona en la estación vería al pasajero comer un bocado cuando el tren estaba en un punto de la vía, y comer el otro bocado cuando el tren se había movido a otro punto.

Einstein quería explicar cómo medir la distancia entre bocados. Quería determinar la verdadera posición del sándwich en el espacio. (En este caso, la palabra *espacio* significa el área del universo.) Quién sabía la verdadera posición del sándwich, se preguntó Einstein. ¿El pasajero que se había comido el sándwich o la persona en la estación?

> " I sometimes ask myself why I was the one to develop the theory of relativity. The reason, I think, is that a normal adult never stops to think about problems of space and time. These are things . . . thought of as a child. But I began to wonder about space and time only when I had grown up. Naturally, I could go deeper into the problem than a child. "
> —Albert Einstein

> " A veces me pregunto por qué fui yo el que desarrolló la teoría de la relatividad. La razón, creo, es que un adulto normal nunca se detiene a pensar sobre problemas de espacio y tiempo. Éstas son cosas . . . que se piensan de niño. Pero yo comencé a preguntarme sobre el espacio y el tiempo sólo después de grande. Naturalmente, podía pensar más profundamente que un niño en el problema. "
> —Albert Einstein

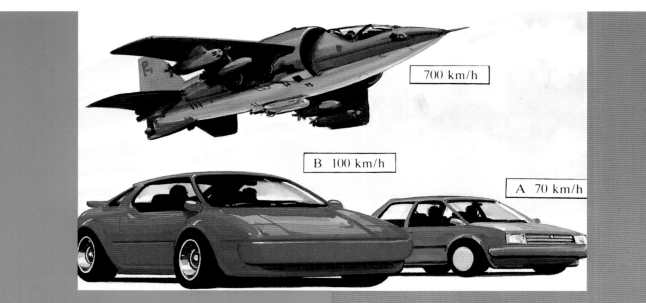

700 km/h

B 100 km/h

A 70 km/h

Above: The speed of the plane would seem different, depending on whether it is measured from car A or car B. Car A and car B are moving at different speeds. People in each car would measure the plane's speed by subtracting the speed of their car. To the people in the slower-moving car, the plane would appear to be moving much faster.

Below: Einstein's theory explains that the laws that affect objects are the same for all observers. The ball in these pictures will fall in this same way in a room and in a fast-moving train.

Arriba: La velocidad del avión parecería diferente dependiendo de dónde se midiera, del carro A o del carro B. El carro A y el carro B se están moviendo a diferentes velocidades. Las personas en cada carro medirían la velocidad del avión res-tando la velocidad de su carro. A las personas en el carro más lento, el avión les parecería que se está moviendo mucho más rápido.

Abajo: La teoría de Einstein explica que las leyes que afectan a los objetos son las mismas para todos los observadores. Las bolas en estos dibujos caerán de la misma manera en un cuarto que en un tren que se mueve rápido.

30 cm

30 cm

Newton had believed that it was possible to measure the distance between any two events. In this case, he would have believed he could measure the distance between bites. But the example of the train explained the problem with Newton's theory. The distance between two events would depend on who was seeing the events. Einstein had shown that the measure of distance between two objects or events would change with the observer.

Measuring Time

Einstein also showed that the measure of time between two events would change with the observer. To show this, he used the example of another train. This train was long and slow and it carried packages. A guard sat in the back of the train. An engineer sat in the front, driving the train. A few passengers sat in the middle of the train, between the engineer and the guard.

In Einstein's example, the train had just left the station when it was attacked by robbers. The robbers had been standing at different points along the track. Two of the robbers had guns. They shot the engineer and the guard at the same time.

The passengers in the middle of the train heard both shots at the same time. Later, they explained that both the engineer and the guard were shot at the same time. But a ticket collector, whom the train passed, had also heard the shots. The ticket collector heard one shot first,

Newton había creído que era posible medir la distancia entre dos eventos cualesquiera. En este caso, hubiera creído que podía medir la distancia entre los bocados. Pero el ejemplo del tren explicaba el problema en la teoría de Newton. La distancia entre dos eventos dependería de quién estuviera viendo los eventos. Einstein había demostrado que la medición de la distancia entre dos objetos o eventos podía cambiar con el observador.

Medir el tiempo

Einstein también demostró que la medición del tiempo entre dos eventos cambiaría con el observador. Para demostrar esto, él usó como ejemplo otro tren. Este tren era largo y lento y llevaba paquetes. Un guarda estaba sentado en la parte de atrás del tren. Un conductor estaba sentado en la parte delantera, conduciendo al tren. Unos pocos pasajeros estaban sentados en el medio del tren, entre el conductor y el guarda.

En el ejemplo de Einstein, el tren acababa de salir de la estación cuando fue atacado por ladrones. Los ladrones habían estado parados en diferentes puntos de la vía del tren. Dos de los ladrones tenían armas. Le tiraron al conductor y al guarda al mismo tiempo.

Los pasajeros en el medio del tren escucharon los dos tiros al mismo tiempo. Después, los pasajeros dijeron que tanto al conductor como al guarda les habían tirado al mismo tiempo. Pero un boletero, a quien el tren había pasado, también escuchó los tiros. Esta persona escuchó

and then another. The first shot was fired by the robber who was closest to the ticket collector. This shot hit the guard. The second shot was fired by the robber who was farther away from the ticket collector. This shot hit the engineer. The ticket collector explained that the guard was shot before the driver.

Both the passengers on the train and the ticket collector were telling the truth because they told what they heard. So who was right, the passengers or the ticket collector? Or were the passengers and the ticket collector both right? Einstein had proved that the measure of time depended on the observer. Again, he had proved Newton wrong.

Measuring the Speed of Light

Einstein had proved Newton wrong because we only see with the help of light rays. Light rays always travel at the same speed. In 1887, two American scientists, Albert Abraham Michelson and Edward Williams Morley, did an experiment to measure the speed of light.

Michelson and Morley were clever scientists. They knew if they could prove that light traveled at a set speed, they could use the speed of light to measure the distance between events. In their experiment, they hoped to find that light had a set speed. They also hoped to show how light from stars reached Earth.

Morley and Michelson had studied the

primero un tiro, y luego otro. El primer tiro fue hecho por el ladrón que estaba más cerca del boletero. Este tiro le dio al guarda. El segundo tiro fue hecho por el ladrón que estaba más lejos del boletero. Este tiro le dio al conductor. El boletero dijo que al guarda le habían tirado antes que al conductor.

Tanto los pasajeros del tren como el boletero estaban diciendo la verdad porque dijeron lo que habían escuchado. Entonces, ¿quién estaba en lo cierto, los pasajeros o el boletero? ¿O ambos, pasajeros y boletero, estaban en lo cierto? Einstein había demostrado que la medición del tiempo dependía del observador. De nuevo, había probado que Newton estaba equivocado.

Medir la velocidad de la luz

Einstein había probado que Newton estaba equivocado porque nosotros sólo vemos con la ayuda de los rayos de luz. Los rayos de luz siempre viajan a la misma velocidad. En 1887, dos científicos estadounidenses, Albert Abraham Michelson y Edward Willams Morley, hicieron un experimento para medir la velocidad de la luz.

Michelson y Morley eran científicos inteligentes. Sabían que si pudieran probar que la luz se movía a una determinada velocidad, podrían usar la velocidad de la luz para medir la distancia entre eventos. En su experimento, esperaban hallar que la luz tenía una velocidad determinada. También esperaban demostrar cómo la luz de las estrellas llegaba a la Tierra.

Morley y Michelson habían estudiado el trabajo

Today, scientists can use computer pictures to explain Einstein's theory of relativity. This picture explains Einstein's idea of curved space.

Hoy día, los científicos pueden usar dibujos generados por computadora para explicar la teoría de la relatividad de Einstein. Este dibujo explica la idea del espacio curvo de Einstein.

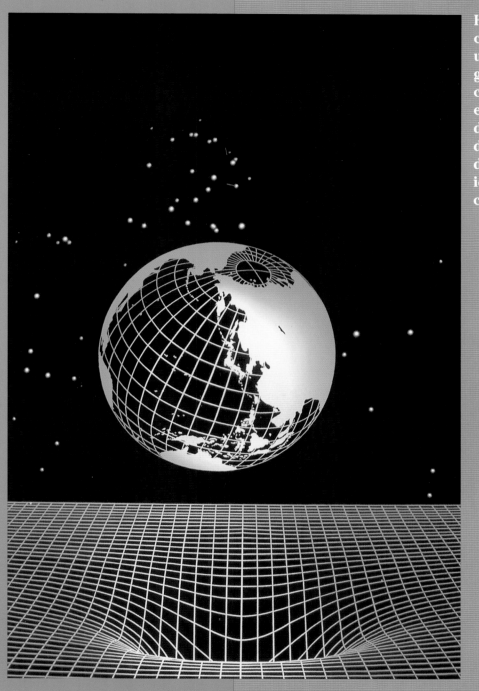

work of a nineteenth-century scientist named James Clark Maxwell. Maxwell's work had shown that light should travel at a set speed. Maxwell had explained that light traveled by waves that came from an invisible material in space called ether. In 1865, Maxwell was the first person to form a theory of how light was made and how fast it moved.

But no one yet knew how light moved. Morley and Michelson wanted to find out. They believed that the universe was filled with the invisible material called ether. They knew that if the ether were the same everywhere, then light would always travel at the same speed as it passed through it.

It was not easy for Morley and Michelson to measure the speed of light. For one reason, if space were filled with ether, then Earth itself would be moving through the ether. So Morley and Michelson had to figure out a way to measure the speed that light moved through the ether while they moved through the ether at the same time. They also won-

de James Clark Maxwell, un científico del siglo diecinueve. El trabajo de Maxwell había demostrado que la luz debía viajar a una velocidad determinada. Maxwell había explicado que la luz viajaba en ondas que venían de un material invisible en el espacio llamado éter. En 1865, Maxwell fue la primera persona en desarrollar una teoría sobre cómo se formaba la luz y a qué velocidad se movía.

Pero todavía nadie sabía cómo se movía la luz. Morley y Michelson querían averiguarlo. Creían que el universo estaba lleno de un material invisible llamado éter. Sabían que si el éter era el mismo en todas partes, la luz viajaría siempre a la misma velocidad mientras pasaba por él.

No fue fácil para Morley y Michelson medir la velocidad de la luz. Una razón era que, si el espacio estaba lleno de éter, entonces la Tierra misma se estaba moviendo por el éter. Por eso, lo que Morley y Michelson tenían que encontrar era una manera de medir la velocidad a la que se movía la luz a través del éter, mientras que ellos se movían a

dered if Earth would create a wind as it moved through the ether. If so, the wind would either speed up or slow down the light rays.

A Surprising Find

Morley and Michelson decided to use mirrors in their experiment. They faced some of the mirrors in the direction Earth was supposed to be moving through the ether, and they placed other mirrors in other directions. Then they bounced light beams from the mirrors. They measured how long the light took to travel in different directions. They thought they would learn that light moved faster when it was going in the same direction as Earth.

Morley and Michelson's experiment was a big surprise. The experiment had shown that light traveled at the same speed no matter

través del éter al mismo tiempo. También se preguntaban si la Tierra creaba viento al moverse por el éter. Si lo hacía, el viento iba a aumentar o a disminuir la velocidad de los rayos de luz.

Un hallazgo sorprendente

Morley y Michelson decidieron usar espejos en su experimento. Pusieron algunos de los espejos de cara a la dirección en que la Tierra supuestamente se movía por el éter, y pusieron otros espejos de cara a otras direcciones. Después, hicieron rebotar rayos de luz de los espejos. Midieron cuánto tiempo le tomaba a la luz viajar en diferentes direcciones. Pensaban que descubrirían que la luz se movía más rápido cuando iba en la misma dirección en que iba la Tierra.

El experimento de Morley y Michelson fue una gran sorpresa. El experimento había demostrado que la luz viajaba a la misma velocidad sin que importara de dónde viniera. Los científicos de

This radio telescope is in Great Britain. Special telescopes like this one help scientists learn about time and space by allowing them to listen to radio signals sent from distant stars.

Este radiotelescopio está en Gran Bretaña. Telescopios especiales como éste ayudan a los científicos a aprender más sobre el tiempo y el espacio al permitirles escuchar señales de radio enviadas desde estrellas lejanas.

what direction it came from. Scientists all over the world could not explain this. The results of the experiment went against Newton's laws.

But Einstein had read about Maxwell's work too, and he had also read about Morley and Michelson's experiment. Einstein had an explanation for what had happened. In 1905, Einstein published a paper that explained Morley and Michelson's experiment. In the paper, Einstein explained how Newton's beliefs about time and space no longer made sense.

Einstein's Answer

First, Einstein explained that there was no ether in space. Other scientists had also said this same thing. Then Einstein said that the speed of light never changed. Morley and Michelson's experiment proved that. But Newton had said that the measure of time never changed, and Einstein disagreed. He explained that the measure of time changed depending on the speed of the person doing the measuring. The person's speed also changed, Einstein explained. It changed in relation to whatever that person measured. The only number that did not change was the speed of light.

The time between events and the distance between objects in space could only be measured in relation to other objects. This relation to other objects formed the base of Einstein's Theory of Relativity. But then, Einstein came up with another theory, the Theory of Special Relativity. According to this theory, the laws of

todo el mundo no podían explicar esto. Los resultados del experimento iban en contra de las leyes de Newton.

Pero Einstein también había leído el trabajo de Maxwell y también sobre el experimento de Morley y Michelson. Einstein tenía una explicación sobre lo que había pasado. En 1905, Einstein había publicado un artículo que explicaba el experimento de Morley y Michelson. En el artículo, Einstein explicaba cómo lo que creía Newton sobre el tiempo y el espacio ya no tenía sentido.

La respuesta de Einstein

Primero, Einstein explicó que no había éter en el espacio. Otros científicos también habían dicho lo mismo. Luego, Einstein dijo que la velocidad de la luz nunca cambiaba. El experimento de Morley y Michelson había probado eso. Pero Newton había dicho que la medición del tiempo nunca cambiaba, y Einstein no estaba de acuerdo con esto. Einstein dijo que la medición del tiempo cambiaba dependiendo de la velocidad de la persona que lo medía. La velocidad de la persona también cambiaba, Einstein explicó. Cambiaba en relación con lo que fuera que la persona estaba midiendo. El único número que no cambiaba era la velocidad de la luz.

El tiempo entre eventos y la distancia entre objetos en el espacio sólo podían ser medidos en relación con otros objetos. Esta relación con otros objetos formaba la base de la Teoría de la Relatividad de Einstein. Pero, después, Einstein presentó otra teoría, la Teoría de la Relatividad Especial.

the universe are the same for all observers, as long as they are moving at a set speed and in the same direction. For example, if you push someone, that person will fall over, whether the person is standing on the ground or flying in an airplane.

Einstein used his Theory of Special Relativity to explain how a change in time affects the laws of the universe. Einstein explained that the speed of light is the same no matter who measures it. All observers will measure the same speed for light no matter how fast they themselves are moving. But time changes depending on how quickly or slowly something is moving. Therefore, time passes differently for each person, depending on how quickly or how slowly that person moves.

Einstein's Famous Equation

Einstein became famous for developing an equation that explained his theory in a mathematical language. In his

Según esta teoría, las leyes del universo son las mismas para todos los observadores, siempre y cuando se estén moviendo a una determinada velocidad y en la misma dirección. Por ejemplo, si usted empuja a alguien, esa persona se caerá, ya sea que esté parada sobre el suelo o volando en un avión.

Einstein usó su Teoría de la Relatividad Especial para explicar cómo un cambio en el tiempo afecta a las leyes del universo. Einstein explicó que la velocidad de la luz es la misma sin que importe quién la mida. Todos los observadores van a medir la misma velocidad para la luz sin que importe la velocidad a la que ellos mismos se estén moviendo. Pero el tiempo cambia dependiendo de la rapidez o lentitud a que algo se esté moviendo. Por consiguiente, el tiempo pasa de manera diferente para cada persona, dependiendo de la rapidez o lentitud a la que se mueva la persona.

La famosa ecuación de Einstein

Einstein se hizo famoso por elaborar una ecuación que explicaba su teoría en un lenguaje matemático. En su ecuación, $E = mc^2$, la E

> 66 Never regard your study as a duty, but as (an) . . . opportunity to learn . . . for your own personal joy and [to help] the community to which your later work belongs. 99
> —Einstein, speaking to students at Princeton University

> 66 Nunca consideren sus estudios como una obligación, sino como [una] . . . oportunidad de aprender . . . para su propia alegría y [para ayudar a] la comunidad a la que pertenece su futuro trabajo. 99
> —Einstein, hablando a los estudiantes de la Universidad de Princeton

This is a
computer picture
of Einstein's
famous equation.

Éste es un dibujo
generado por
computadora de
la famosa
ecuación de
Einstein.

equation, $E = mc^2$, the E stands for energy, the m stands for mass, and the c stands for the speed of light. When numbers for the mass of an object and for the speed of light are put into this equation, another number is found for the energy of the object. The energy of an object is how fast it travels. Einstein's equation explains that nothing can travel faster than the speed of light.

To understand that time passes differently for each person, depending on how quickly or slowly that person is moving, consider this example. If astronauts travel through space at almost the speed of light, time will pass more slowly for them than for people on Earth. Einstein believed that amazing things would happen if people could watch objects as they moved almost as fast as the speed of light. He said that objects moving that fast would appear to become much shorter and greatly increase in mass.

Life Changes

Einstein's paper about Michelson and Morley's experiment explained facts about the universe that no one had known before. Then in 1907, he published another paper that explained even more. Once people learned of Einstein's work, he got many job offers.

In 1909, Einstein left his job at the Patent Office. For a while, he taught at the University of Zurich. Then later, he took a job in Prague. In 1913, Einstein was invited to join

representa la energía, la m representa la masa, y la c representa la velocidad de la luz. Cuando se ponen números para la masa de un objeto y para la velocidad de la luz en esta ecuación, se encuentra otro número para la energía del objeto. La energía de un objeto está dada por la velocidad a la que se mueve. La ecuación de Einstein explica que nada puede moverse más rápido que la velocidad de la luz.

Para entender que el tiempo pasa de manera diferente para cada persona, dependiendo de la rapidez o lentitud a la que esa persona se esté moviendo, piense en este ejemplo. Si los astronautas viajan por el espacio a casi la velocidad de la luz, para ellos el tiempo pasará más lentamente que para la gente en la Tierra. Einstein creía que podrían ocurrir cosas asombrosas si la gente pudiera ver los objetos mientras estos se movían casi a la velocidad de la luz. Él dijo que los objetos moviéndose a esa velocidad parecerían volverse mucho más cortos y con su masa muy aumentada.

Un cambio de vida

El artículo de Einstein sobre el experimento de Michelson y Morley explicaba cosas sobre el universo que nunca antes se habían conocido. Luego, en 1907, Einstein publicó otro artículo que explicaba aún más. Una vez que la gente se enteró del trabajo de Einstein, él recibió muchas ofertas de empleo.

En 1909, Einstein dejó su trabajo en la Oficina de Patentes. Por un tiempo, enseñó en la universidad de Zurich. Más tarde, aceptó un trabajo en Praga.

the Prussian Academy of Sciences, which was quite a big honor. Then he was offered an important research job in Berlin that was created just for him.

At the age of thirty-four, Einstein was considered one of the best scientists in the world. In 1914, he moved to Berlin and became the head of an important research institute. Soon after the move, Einstein and Maric separated, and she moved back to Zurich with the children. Einstein and Maric got divorced in 1919. Many people believe, however, that Maric helped Einstein with his work even after their marriage ended.

World War I
On August 1, 1914, World War I began. The

En 1913, invitaron a Einstein a ser miembro de la Academia de Ciencias de Prusia, lo que era un gran honor. Después, le ofrecieron un importante trabajo de investigación en Berlín, que habían creado especialmente para él.

A la edad de treinta y cuatro años, Einstein era considerado uno de los mejores científicos del mundo. En 1914, se mudó a Berlín y empezó a trabajar como director de un importante instituto de investigación. Al poco tiempo de mudarse, Einstein y Maric se separaron, y ella volvió a Zurich con los niños. Einstein y Maric se divorciaron en 1919. Sin embargo, mucha gente cree que Maric ayudó a Einstein con su trabajo aún después de que terminara su matrimonio.

Primera Guerra Mundial
El 1 de agosto de 1914, comenzó la Primera Guerra

This cartoon appeared sometime after Einstein became famous. The caption explains just how famous Einstein had become. One of the men in the cartoon says, "What a lot of gossip! Those women are still talking about their dressmakers." The other man says, "But no, they are talking about Einstein!"

Este dibujo cómico apareció después que Einstein se hizo famoso. La leyenda muestra lo famoso que Einstein se había vuelto. Uno de los hombres en el dibujo dice: "¡Cómo hablan! Esas mujeres todavía están hablando sobre sus modistas". El otro hombre le responde: "Pero no, ¡están hablando sobre Einstein!"

war was between Germany, Britain, Russia, and France. Einstein lived in Switzerland, which did not take sides in the war. But fighting and war sickened Einstein. In his opinion, many people lost their lives for no reason.

In 1915, Einstein and many other famous people tried to do something to stop the war. Einstein and the others signed a document that urged people from all countries to form a group that would bring peace to the world.

For the rest of his life, Einstein worked for peace in the world. He felt very strongly about war and the damage it did to people and countries. He wanted to help people move forward, not destroy people. He hoped he could help people move forward by working toward peace. He also helped people move forward by making important discoveries in science.

Einstein Becomes Popular

Einstein worked hard over the next ten years. He continued to work on his theory of relativity.

Mundial. La guerra era entre Alemania, Gran Bretaña, Rusia y Francia. Einstein vivía en Suiza, que no tomó partido en la guerra. Pero las peleas y la guerra no le gustaban a Einstein. En su opinión, muchas personas perdieron sus vidas sin ninguna razón.

En 1915, Einstein y muchas otras personas famosas trataron de hacer algo para poner fin a la guerra. Einstein y esas personas firmaron un documento en el que pedían a la gente de todos los países que formara un grupo para traer la paz al mundo.

Por el resto de su vida, Einstein trabajó para que el mundo tuviera paz. Tenía sentimientos muy fuertes hacia la guerra y el daño que ésta causaba a la gente y a los países. Él quería ayudar a la gente a avanzar, no a destruir a otra gente. Tenía la esperanza de ayudar a la gente a avanzar al trabajar para la paz. Él también ayudó a la gente a avanzar al hacer importantes descubrimientos en la ciencia.

Einstein se hace popular

Einstein trabajó mucho durante los siguientes diez años. Continuó trabajando en su teoría de la relatividad.

66 In recent days, papers of all opinions have [stressed] . . . the [importance] of . . . Einstein, the famous [scientist] of the present. 99
—From a newspaper written in 1920

66 Recientemente, periódicos de todas las tendencias han [enfatizado] . . . la [importancia] de . . . Einstein, el famoso [científico] de la actualidad. 99
—En un periódico publicado en 1920

Izquierda: Estos jóvenes se alistaron voluntariamente en el ejército inglés al comienzo de la Primera Guerra Mundial.

Abajo: En muchos países, las mujeres fabricaban las armas para la guerra. Este cuadro del artista inglés Stanhope Forbes muestra a mujeres trabajando en una fábrica de armas.

Above: These young men volunteered to join the British army at the start of World War I.

Right: In many countries, women made weapons for the war. This painting by British artist Stanhope Forbes shows women working in a weapons factory.

As he made new discoveries, his theory got more and more complicated. In time, he explained gravity in his theory. Between 1914 and 1918, Einstein wrote over fifty scientific papers and a book. He was asked to speak about his work at important meetings. To his delight, more and more scientists began to accept his ideas.

Still, some scientists disagreed with Einstein. His theory was hard to accept, and it was very difficult to understand. One of the older scientists once warned Einstein against working on his theory. "In the first place, you will not succeed," the older scientist said. "And even if you succeed, no one will believe you."

But Einstein continued to work on his theory. He had been determined in his work since he was a child. In 1915, Einstein finished his theory and explained it in a mathematical language. His ten years of hard work paid off. Einstein's theory is still very important today.

Einstein's theory changed people's ideas of time and space. Some people felt that they could no longer trust what they saw with their eyes. But many people felt a sense of wonder about the laws of nature Einstein had discovered. And the scientists who understood Einstein's theory used it to explore the world and make new discoveries of their own.

No one doubted the difficulty of Einstein's theories. They confused even some of the world's best scientists. But Einstein's discov-

A medida que hacía nuevos descubrimientos, su teoría se volvía más y más complicada. Con el tiempo, Einstein explicó la gravedad en su teoría. Entre 1914 y 1918, Einstein escribió más de cincuenta artículos científicos y un libro. Le pedían que hablara sobre su trabajo en reuniones importantes. Einstein estaba encantado de que cada vez más científicos comenzaran a aceptar sus ideas.

Sin embargo, algunos científicos no estaban de acuerdo con Einstein. Su teoría era difícil de aceptar, y era muy difícil de entender. Una vez, uno de los científicos más viejos le aconsejó a Einstein que no siguiera trabajando en su teoría. Dijo el científico: "En primer lugar, no va a tener éxito. Y aún si tuviera éxito, nadie le a creería".

Pero Einstein continuó trabajando en su teoría. Siempre había tenido determinación en su trabajo desde que era niño. En 1915, Einstein terminó su teoría y la explicó en un lenguaje matemático. Sus diez años de trabajo habían dado frutos. La teoría de Einstein todavía es importante hoy día.

La teoría de Einstein cambió las ideas de la gente sobre el tiempo y el espacio. Algunas personas sentían que ya no podían confiar en lo que veían sus ojos. Pero mucha gente se sintió maravillada por las leyes de la naturaleza que Einstein había descubierto. Y los científicos que entendían la teoría de Einstein, la usaron para explorar el mundo y hacer sus propios descubrimientos.

Nadie desconocía las dificultades de las teorías de Einstein. Estas dificultades confundieron aun a algunos de los mejores científicos del mundo.

Einstein learned to play the violin when he was a child. As a child, he often played duets with his mother. This picture was taken in 1933. Einstein is playing with two other men on the long journey to America.

Einstein había aprendido a tocar el violín de niño. En su niñez, frecuentemente tocaba con su madre. Esta foto fue sacada en 1933. Einstein está tocando con otros dos hombres durante su largo viaje a los Estados Unidos.

eries helped people in many fields of study, including artists and writers. The name Albert Einstein soon became known to people everywhere.

In the 1920s and 1930s, someone wrote this rhyme about Einstein's idea of time and space. The rhyme tells how popular Einstein's ideas had become.

There was a young lady called Bright
Who journeyed much faster than light.
She set off one day
In a relative way
And arrived back the previous night.

A Change of Pace

Einstein had worked long, hard days fighting for peace and working on his theories. Then,

Pero los descubrimientos de Einstein ayudaron a personas en muchos campos, incluyendo a artistas y escritores. El nombre de Albert Einstein pronto se hizo conocido en todas partes.

En las décadas de 1920 y 1930, alguien escribió este verso acerca de la idea de Einstein sobre el tiempo y el espacio. El verso señala lo populares que se habían hecho sus ideas.

Había una joven dama llamada Luz
Que viajaba mucho más rápido que la luz.
Salió un día
De una manera relativa
Y llegó de vuelta la noche anterior.

Un cambio de ritmo

Einstein había trabajado mucho, y por muchos días, para la paz y en sus teorías. Después, en

in 1917, he fell ill and remained ill for several years. His cousin, Elsa Lowenthal, nursed him back to health. But for many years, Einstein continued to suffer from health problems. He was never completely healthy again.

Einstein and Elsa Lowenthal had been friends since they were children. Both of them had been married before and were now divorced. When Einstein moved to Berlin in 1914, they started spending time together again. In 1919, Einstein and Lowenthal were married.

Lowenthal was loving and kind and she loved caring for her home and family. She took good care of her husband and his aging mother, Pauline. Lowenthal also cared for her two daughters. Einstein was very grateful for Lowenthal's love and loyalty, but he preferred to spend time alone.

Einstein had a lot on his mind. He continued to have health problems. Still, he tried to focus on his scientific work. After he got ill, he did not work as fast as he used to work. Some people think that he may have had trouble coming up with ideas without Maric's help. Einstein had been married to

1917, se enfermo y continuó enfermo por varios años. Su prima, Elsa Lowenthal, lo ayudó a recuperar la salud. Pero, por muchos años, Einstein continuó teniendo problemas de salud. Nunca recuperó su salud completamente.

Einstein y Elsa Lowenthal habían sido amigos desde niños. Los dos habían estado casados antes y los dos se habían divorciado. Cuando Einstein se mudó a Berlín en 1914, comenzaron a verse de nuevo. En 1919, Einstein y Lowenthal se casaron.

Lowenthal era cariñosa y bondadosa, y le encantaba ocuparse de la casa y de su familia. Atendió a su marido y a la anciana madre de él, Pauline. Lowenthal también cuidó a sus propias dos hijas. Einstein estaba muy agradecido por el amor y la lealtad de Lowenthal, pero prefería pasar el tiempo solo.

Einstein tenía mucho en que pensar. Continuó teniendo problemas de salud. Pero, Einstein trató de concentrarse en su trabajo científico. Después de enfermarse, no trabajaba tan rápido como lo había hecho antes. Algunas personas creen que pudo haber tenido problemas en tener nuevas

Einstein loved to sail. He liked the peacefulness on the open waters. In this picture, he and his wife Elsa are sailing on a lake in 1928.

A Einstein le encantaba navegar. Le gustaba la paz del agua. En esta foto, él y Elsa, su esposa, están navegando en un lago en 1928.

Maric from 1903 to 1919. He did his best scientific work during this time.

As Einstein grew older he continued his scientific work, but he also spent time on other interests. Einstein read books about famous thinkers. He played and listened to music, and he enjoyed debates with his friends. He also spent time writing letters. Einstein was still working for peace, and he exchanged letters with people who shared his beliefs.

The Forces of Nature

For the rest of his life, Einstein worked to discover one law that explains how all the forces of nature work. The forces of nature are what make things happen. Einstein had first sensed these forces when he was five years old and his father gave him the compass. He never did discover one law to explain how these forces work together.

Today, scientists believe that there are four main forces at work in the universe. Scientists continue to try to explain

ideas sin la ayuda de Maric. Einstein había estado casado con Maric desde 1903 hasta 1919. Hizo su mejor trabajo científico durante este tiempo.

A medida que envejecía, Einstein continuaba su trabajo científico pero también pasaba tiempo haciendo otras cosas. Einstein leía libros sobre pens dores famosos. Tocaba y escuchaba música, y disfrutaba los debates con sus amigos. También pasaba tiempo escribiendo cartas. Einstein todavía seguía trabajando para la paz, y ecribía cartas a personas que compartían sus creencias.

Las fuerzas de la naturaleza

Por el resto de su vida, Einstein trabajó para descubrir una nueva ley que explicara todas las fuerzas de la naturaleza. Estas fuerzas de la naturaleza son las que hacen que las cosas ocurran. Einstein había sentido por primera vez estas fuerzas cuando tenía cinco años y su padre le había regalado la brújula. Él nunca descubrió una ley que explicara cómo estas fuerzas trabajaban juntamente.

Hoy día, los científicos creen que hay cuatro fuerzas principales funcionando en el universo. Los científicos continúan tratando de explicarlas. La

Toda la materia está formada por diferentes clases de partículas llamadas átomos. Este dibujo muestra cómo se vería un átomo de un tipo de material si lo pudiera verse bien de cerca.

most helpful tools scien-
on this problem. They use
understand time and the
. They also use other the-
how the smallest units of

teoría de la relatividad de Einstein ha sido una de las herramientas más útiles que usan los científicos que trabajan en este problema. Ellos usan esta teoría para entender el tiempo y la inmensidad del espacio. También usan otras teorías que explican cómo se comportan las unidades más pequeñas de materia.

Peace

War I ended. At the end of
ue of Nations was formed.
oup of countries working
instein had hoped would
gned that document years
Einstein joined the League
also joined many other
ht for different causes. As

Trabajando para la paz

En 1918, terminó la Primera Guerra Mundial. Al fin de la guerra, se formó la Liga de Naciones. Éste era el grupo de países trabajabando para la paz que Einstein había esperado que se creara cuando él había firmado ese documento años antes. En 1922, Einstein se unió a la Liga de Naciones. También se unió a otros grupos y luchó por diferentes causas. A medida que envejecía, Einstein trabajaba cada vez

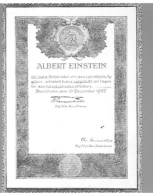

These are two awards Einstein received. He received a diploma from the Royal Swedish Academy of Sciences. He received a medal when he won the Nobel Prize in 1921.

Estos son dos premios que recibió Einstein. Recibió un diploma de la Academia Real de Ciencias de Suecia. También recibió una medalla cuando ganó el premio Nobel en 1921.

Einstein got older, he got more and more active working toward peace.

During the 1920s and 1930s, Einstein traveled the world and spoke about his beliefs. He spoke in many different countries and he made many friends. He became friends with the royal family of Belgium. He met scientists, government leaders, and other famous people from all over the world. Einstein's work helped people understand each other better. This famous scientist was warm and friendly, and he had a very important message about making peace and not war.

Einstein's Awards

Einstein had become a very important man, but he never bragged about his importance. In fact, Einstein felt small and unimportant compared to the mysteries of the universe. He wrote his thoughts about this in a letter to Queen Elizabeth in Belgium. Einstein told the queen that it gave him great pleasure to be able to explain things about the universe. He then said that there was so much to explain, that no human being could ever be smart enough to explain it all.

más activamente para la paz.

Durante las décadas de 1920 y 1930, Einstein viajaba por el mundo y hablaba sobre sus creencias. Habló en muchos países e hizo muchos amigos. Se hizo amigo de la familia real de Bélgica. Conoció a científicos, jefes de gobierno y otras personas famosas de todo el mundo. El trabajo de Einstein ayudó a que la gente se entendiera más. Este famoso científico era cariñoso y amable, y tenía un mensaje muy importante con respecto al hacer la paz y no la guerra.

Los premios de Einstein

Einstein se había vuelto muy importante, pero nunca habló de su importancia. En realidad, Einstein se sentía pequeño y de poca importancia cuando se comparaba con los misterios del universo. Escribió sus pensamientos sobre todo esto en una carta a la reina Elizabeth de Bélgica. Einstein le dijo a la reina que le daba gran placer poder explicar las cosas del universo. Después dijo que había tanto que explicar, que ningún ser hu-

.ad explained a
universe works.
ıy awards and
entific work. He
ınd prizes from
·oups. In 1921,
the Nobel Prize
ics is the study
·ces. The Nobel
is a highly re-
award.
me, power, and
ed them to sup-
elieved in. This
asy for him. Be-
enerous, people
t of support. Be-
so famous, re-
hered him. But
ys kind and will-
ple who really
also answered
le who were fas-
eas. Sometimes
for advice.
ng daughter of a
tein for advice.
ld her.
hat yours is not
n to yearn for a
nd freedom? Do
l your ancestors
nd fell victim to

mano podía ser suficientemente
inteligente para explicarlo todo.

Sin embargo, Einstein había explicado mucho sobre cómo funciona el universo. Recibió muchos
galardones y premios de varios
grupos. En 1921, Einstein recibió
el premio Nobel en física. La física
es el estudio de la materia y de las
fuerzas. El premio Nobel en física
es un premio científico de mucha
importancia.

Einstein tenía fama, poder y
dinero. Pero él usaba todo esto
para apoyar causas en las que
creía. Esto no le hizo la vida fácil.
Como él era tan generoso, la gente
siempre le pedía ayuda. Como era
tan famoso, los periodistas con
frecuencia lo molestaban. Pero
Einstein siempre era bondadoso y
estaba dispuesto a ayudar a los
que realmente necesitaban ayuda.
Einstein también contestaba cartas de personas que estaban fasci-
nadas por sus ideas. A veces se le
pedía consejos.

En 1932, la joven hija de un
amigo le pidió consejos a Einstein.
Esto es lo que Einstein le dijo:

*¿Sabes que la tuya no es la
primera generación que anhela una
vida llena de belleza y libertad?*

On his seventy-second
birthday in 1951,
Einstein did this when
reporters told him to
smile for the cameras.

En 1951, al cumplir
setenta y dos años,
Einstein hizo esto
cuando los periodistas
le pidieron que
sonriera para las
cámaras.

Einstein was a good teacher and speaker, even if he did not look the part. This shows him teaching a class at Princeton University in New Jersey.

Einstein fue un buen maestro y orador, aunque no lo pareciera. Esta foto lo muestra enseñando una clase en la Universidad de Princeton, en Nueva Jersey.

trouble and hatred?

Do you know also, that your [wishes can only come true] if you succeed in [earning] the love and understanding of people, and animals, and plants and stars, so that every joy becomes your joy, and every pain becomes your pain? Open your eyes, your heart, your hands, and avoid the poison that your forebears so greedily sucked in from History. Then will all the Earth be your fatherland, and all your work and effort will spread forth blessings.

Einstein's Jewish Soul

One of the causes Einstein supported was a movement called Zionism. Zionists were people who wanted to set up a Jewish state in Israel. Einstein was Jewish, and he often said he had a Jewish soul. He also believed in fairness. He believed it was only fair for the Jewish people to have their own state in their homeland. He encouraged Jews to do scientific work, and he tried to help the Jews through troubled times.

In the 1920s and 1930s, the Jews had a lot of troubles. Attacks on Jews were taking place all over Germany. Einstein was attacked for his scientific ideas because he was Jewish. A group of people formed to put down Einstein's work. German newspaper reporters also put down his work, and a book was published called *One Hundred Authors Against Einstein.*

Einstein was proud of being Jewish, and

¿Sabes que todos tus antepasados sintieron lo mismo que tú, y cayeron víctimas de problemas y del odio?

¿Sabes también que tus [deseos sólo pueden cumplirse] si tú logras [ganar] el amor y la comprensión de la gente, y de los animales, y las plantas y las estrellas, para que toda dicha sea tu dicha, y cada dolor sea tu dolor? Abre tus ojos, tu corazón, tus manos, y evita el veneno que tus antepasados bebieron de la Historia con tanta avidez. Entonces, toda la Tierra será tu madre patria, y todo tu trabajo y esfuerzo propagará bendiciones.

El alma judía de Einstein

Una de las causas que Einstein apoyaba era un movimiento llamado sionismo. Los sionistas eran los que querían establecer un estado judío en Israel. Einstein era judío, y con frecuencia dijo que tenía un alma judía. También creía en la justicia. Creía que era justo que el pueblo judío tuviera su propio estado en su patria. Einstein animó a los judíos a trabajar en las ciencias, y trató de ayudar a los judíos en tiempos difíciles.

En las décadas de 1920 y 1930, los judíos tenían muchos problemas. En toda Alemania los estaban atacando. Einstein fue atacado por sus ideas científicas porque él era judío. Se formó un grupo para desacreditar su trabajo. Los periodistas de los diarios alemanes despreciaban su trabajo, y se publicó un libro titulado *Cien autores en contra de Einstein.*

Einstein estaba orgulloso de ser judío, y lo enfurecieron estos ataques. Hasta hubo alguien que

Izquierda: El Monte del Templo, un famoso sitio religioso judío en Jerusalén

Abajo: Estos judíos rusos están haciendo un largo viaje a Palestina. En esa época, Israel era conocido como Palestina. Einstein usó su fama, poder y dinero para ayudar al pueblo judío.

Above: The Dome of the Rock, a famous religious site in Jerusalem

Right: These Russian Jews are making the long journey to Palestine. At this time, Israel was known as Palestine. Einstein used his fame, power, and money to help the Jewish people.

he was outraged at the attacks. Someone even tried to kill Einstein—but failed. Other German Jews were victims of similar attacks all over the country.

The Nazis

In the 1930s, Adolf Hitler gained power. Hitler became the leader of Germany. Hitler did not like any group of people who seemed to disagree with the German government. He tried to get rid of these people. He especially wanted to get rid of the Jews. Hitler had a large group of people who supported his efforts. Hitler and his supporters became known as the Nazis.

With Hitler and the Nazis in control of the government, Jews had much to fear by staying in Germany. Einstein himself had much to fear because he appeared to be against the German government. Several of Einstein's friends had been arrested while working for peace. Einstein had complained to the government and called the arrests unfair. This made Hitler and the Nazis angry.

While Einstein was in the United States, the Nazis raided his house in Germany. They claimed to be looking for hidden weapons. The Nazis found

trató de matarlo, pero fracasó. Otros judíos alemanes fueron víctimas de ataques similares en todo el país.

Los nazis

En la década de 1930, Adolf Hitler tomó el poder. Hitler se convirtió en el líder de Alemania. A Hitler no le gustaba ningún grupo de personas que pareciera estar en desacuerdo con el gobierno alemán. Él trató de deshacerse de estas personas. Quería especialmente deshacerse de los judíos. Una gran cantidad de personas apoyaron los esfuerzos de Hitler. A Hitler y a los que lo apoyaban se los llamó nazis.

Con Hitler y los nazis en control del gobierno, los judíos tenían mucho que temer en Alemania. El mismo Einstein tenía mucho que temer porque él parecía estar en contra del gobierno alemán. Varios amigos de Einstein habían sido arrestados mientras estaban trabajando para la paz. Einstein se había quejado al gobierno y había dicho que los arrestos eran injustos. Esto enfureció a Hitler y a los nazis.

In Jerusalem, the Wailing Wall is a place where people pray and remember the Jewish people and their troubles.

En Jerusalén, el Muro de los Lamentos es un lugar donde la gente reza y recuerda al pueblo judío y sus problemas.

Right: These Nazi soldiers are showing their support for Hitler. The symbol on their flags is called a swastika. The swastika was a symbol of the Nazi government.

Below: When Hitler was in power, the Nazis hung this banner in the streets of Germany. It reads, "The Jews are our ruin."

Arriba: Estos soldados nazis están mostrando su apoyo a Hitler. El símbolo en las banderas se llama esvástica. La esvástica fue un símbolo del gobierno nazi.

Izquierda: Cuando Hitler estaba en el poder, los nazis colgaron este anuncio en las calles de Alemania. Dice: "Los judíos son nuestra ruina".

no weapons, but they were clearly out to get Einstein. Einstein returned to Europe but did not go back to Germany. For a while, Einstein stayed with the king and queen of Belgium. Lowenthal's two daughters, his secretary, and his scientific assistant escaped from Germany. Einstein's son-in-law got Einstein's scientific papers safely to France.

Mientras Einstein estaba en los Estados Unidos, los nazis entraron en su casa de Alemania. Dijeron que estaban buscando armas escondidas. Los nazis no encontraron ningún arma, pero era claro que querían perjudicar a Einstein. Éste volvió a Europa, pero no volvió a Alemania. Por un tiempo, Einstein se quedó con el rey y la reina de Bélgica. Su secretaria, su asistente científico, y las dos hijas de Lowenthal escaparon de Alemania. El cuñado de Einstein llevó los artículos científicos de Einstein a Francia para que estuvieran seguros.

Moving to America

Einstein had been thinking about leaving Germany even before his troubles with the Nazis began. In 1932, he had been asked to become a teacher at Princeton University in New Jersey. On October 17, 1933, Albert Einstein moved to America and settled in New Jersey. He became an American citizen in 1940. Einstein worked at Princeton for the rest of his life.

Einstein and his family were warned that they might not be safe from the Nazis even in America, however. The family was advised not to work for political causes. Einstein took this advice, but he still had strong opinions and he still wanted to stop Hitler. Einstein and the world watched in horror as Hitler tried to get rid of the Jews and many other groups of people in Germany.

When Hitler was in power, many Jewish people managed to escape from Germany. Many others went into hiding, and many others suffered and died. Einstein did not fight

Mudanza a los Estados Unidos

Einstein había estado pensando en dejar Alemania aun antes de que empezaran sus problemas con los nazis. En 1932, le habían pedido que fuera profesor en la Universidad de Princeton, en Nueva Jersey. El 17 de octubre de 1933, Albert Einstein se mudó a los Estados Unidos y fue a vivir en Nueva Jersey. Se hizo ciudadano estadounidense en 1940. Einstein trabajó en Princeton por el resto de su vida.

Sin embargo, a Einstein y a su familia les habían dicho que podrían no estar libres de los nazis aún si vivían en los Estados Unidos. Le aconsejaron a su familia que no trabajara en causas políticas. Einstein prestó atención a este consejo, pero no dejó de tener fuertes opiniones y todavía quería detener a Hitler. Einstein y el mundo vieron con horror cómo Hitler trató de deshacerse de los judíos y de muchos otros grupos en Alemania.

Cuando Hitler estaba en el poder, muchos judíos lograron escaparse de Alemania. Muchos otros se escondieron, y muchos sufrieron y murieron. Einstein no luchó abiertamente en contra de los nazis. Pero usó su conocimiento científico para hacer lo que podía.

En 1939, Einstein escribió una carta al

This German political cartoon from 1933 shows the German people's vote of "yes" to the Nazi party. In 1933, Hitler and the Nazis took control of Germany.

Esta caricatura política alemana de 1933 muestra el voto de "sí" del pueblo alemán para el partido nazi. En 1933, Hitler y los nazis tomaron control de Alemania.

openly against the Nazis. But he used his scientific knowledge to do what he could.

In 1939, Einstein wrote a letter to President Franklin D. Roosevelt. He explained that it might be possible to use atomic power to make weapons. In 1941, Roosevelt had scientists build the world's first atomic bomb. Einstein worked for the United States Navy giving scientific advice on atomic weapons.

For much of his life, Einstein had spoken out against weapons. Now, he was helping the government gain the ability to use the most damaging weapons there were. Later, Einstein felt sorry that he helped the Americans make weapons. As soon as World War II was over, he

presidente Franklin D. Roosevelt. En la carta, le explicaba que tal vez sería posible usar el poder atómico para desarrollar armas. En 1941, Roosevelt hizo que los científicos fabricaran la primera bomba atómica. Einstein trabajó para la Marina de los Estados Unidos, dando información científica sobre armas atómicas.

Durante casi toda su vida, Einstein había hablado en contra de las armas. Ahora, estaba ayudando al gobierno a poder usar el arma más destructora que existía. Más tarde, Einstein lamentó haber ayudado a los estadounidenses a desarrolar armas. En cuanto terminó la Segunda Guerra Mundial, Einstein comenzó a luchar para eliminar las armas atómicas. Dijo que no habría

This is an atomic bomb explosion. Einstein helped the American government use atomic power to make weapons to fight the Nazis. Later, he was sorry he did this. He hoped atomic power would be used to help the world, not destroy it.

Ésta es la explosión de una bomba atómica. Einstein ayudó al gobierno estadounidense a usar el poder atómico para desarrollar armas para luchar contra los nazis. Más tarde, Einstein dijo que lamentaba haber hecho esto. Él tenía la esperanza de que el poder atómico fuera usado para ayudar al mundo, no para destruirlo.

started fighting to get rid of them. He said that he would not have helped the Americans build these weapons if he had known that Germany did not know how to make them too.

Working for Peace and Justice

Einstein had a lot of hope for world peace. He hoped that a new world government would work toward peace and end the fighting between countries. Einstein also hoped that science would be used to help the world, not destroy it. Einstein saw that atomic weapons were a danger to the world. He warned people about using science for harmful reasons.

In his last years, Einstein continued to fight for what he believed in. He fought for freedom and justice. He fought for the right for people to know the government's plans. Einstein tried to help many groups of people who he believed were treated unfairly.

Einstein had helped many groups of people in his life. He had supported many causes.

ayudado a los estadounidenses a fabricar estas armas si hubiera sabido que Alemania no sabía cómo fabricarlas.

Trabajando para la paz y la justicia

Einstein tenía muchas esperanzas en la paz mundial. Esperaba que un nuevo gobierno mundial trabajara para la paz y para poner fin a la lucha entre los países. Einstein también esperaba que la ciencia fuera usada para ayudar al mundo, no para destruirlo. Einstein vio que las armas atómicas eran un peligro para todos. Le advirtió a la gente que estaba usando la ciencia con propósitos peligrosos.

En sus últimos años, Einstein continúo luchando por lo que creía. Luchó por la libertad y la justicia. Luchó por el derecho de la gente a saber los planes de sus gobiernos. Einstein trató de ayudar a muchos grupos que, a su parecer, no eran tratados justamente.

Einstein había ayudado a muchos grupos de gente en su vida. Había apoyado muchas causas. El apoyo de Einstein a los sionistas ayudó a que el pueblo judío lograra establecer el estado de Israel. El pueblo

> " Everyone is a human being, . . . whether he [or she] is an American or a German, a Jew or a Gentile. If it were possible to manage with this point of view . . . I would be a happy man. "
> —Albert Einstein, in a letter he wrote in 1935

> " Todos somos seres humanos . . . ya sea que [seamos] estadounidenses alemanes, judíos o gentiles. Si fuera posible tener esto siempre presente . . . yo sería un hombre feliz. "
> —Albert Einstein, en una carta que escribió en 1935

In 1940, Einstein became an American citizen. He was now a citizen of both the United States and Switzerland.

En 1940, Einstein se hizo ciudadano estadounidense. De esta manera, era ciudadano de los Estados Unidos y de Suiza.

Einstein's support for the Zionists helped the Jewish people gain a state in Israel. The Jewish people wanted to honor Einstein. In 1952, the state of Israel asked him to be their second president. Einstein appreciated the great honor, but he turned down the offer. The fact that he was made the offer shows how much the Jewish people respected Einstein. They wanted to thank him for all he had done to help them.

Remembering Einstein

Einstein continued to do his important work until the end of his life. He thought about the world, he questioned the way things worked, and he tried to explain things. Einstein never lost interest in his studies. When he was very ill, he asked that his scientific work be brought to his bedside. He died in the early morning of April 18, 1955.

Albert Einstein was one of the greatest scientists of his lifetime. Many newspapers said that he had done the most important work of anyone in the twentieth century. Einstein is remembered for his scientific work, and for many other reasons. He is remembered for his bravery, his kindness, his fun-loving nature,

judío quiso honrar a Einstein. En 1952, el estado de Israel le pidió que fuera su segundo presidente. Einstein agradeció el gran honor, pero rechazó la oferta. El hecho de que le ofrecieran el puesto muestra cuánto respetaba el pueblo judío a Einstein. Ellos querían agradecerle todo lo que él había hecho para ayudarlos.

Recordando a Einstein

Einstein continuó con su importante trabajo hasta el fin de su vida. Pensaba sobre el mundo, se preguntaba cómo funcionaban las cosas, y trataba de explicarlas. Einstein nunca perdió interés en sus estudios. Cuando se enfermó gravemente, pidió que le llevaran su trabajo científico a la cama. Murió temprano en la mañana del 18 de abril de 1955.

Albert Einstein fue uno de los más grandes científicos de su época. Muchos diarios dijeron que él había hecho el trabajo más importante del siglo veinte. A Einstein se lo recuer-

and for his fight for world peace. Einstein always wanted the best for the world.

No one can measure what Einstein did for the world. His theories helped science and other areas of life in many ways. Einstein loved his work and felt excited about his discoveries. "Politics is for the present, but an equation is something for eternity," Einstein said. In his later years he spent a lot of time supporting political causes. But there is no doubt that he considered his scientific work the most important work of all.

da por su trabajo científico, y por muchas otras razones. Se lo recuerda por su valentía, su bondad, su naturaleza alegre y por su lucha por la paz mundial. Einstein siempre quería lo mejor para el mundo.

Nadie puede medir lo que Einstein hizo por el mundo. Sus teorías ayudaron en la ciencia y en otras áreas de la vida de muchas maneras. Pero Einstein amaba su trabajo y se entusiasmaba con sus descubrimientos. Einstein dijo: "La política es para el presente, pero una ecuación es algo para la eternidad". En sus últimos años, Einstein pasó mucho tiempo apoyando causas políticas. Pero no hay duda de que él consideró su trabajo científico como el trabajo más importante de todos.

Einstein spent a lot of his time speaking out against war and working toward peace. Here he is with a group of other people working toward the same goals. This picture was taken in Berlin in between World War I and World War II.

Einstein dedicó mucho tiempo a hablar en contra de la guerra y en trabajar para la paz. Aquí está con un grupo de personas que trabajaban con el mismo propósito. Esta foto fue sacada en Berlín, entre la Primera y la Segunda Guerra Mundial.

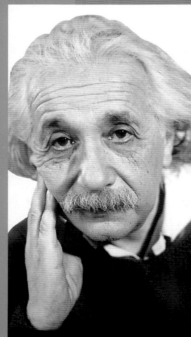

Above Left: Atomic power stations like this one are peaceful uses for nuclear power. They use energy to make electricity.

Above Right: Albert Einstein's work helped scientists do important work in physics. This is a physics research station in Switzerland.

Right: In this picture, Albert Einstein is sixty-five years old.

Arriba izquierda: Centrales de energía atómica como ésta es uno de los usos pacíficos de la energía nuclear. Estas centrales usan esta energía para generar electricidad.

Arriba derecha: El trabajo de Albert Einstein ayudó a los científicos a hacer importantes trabajos en física. Ésta es una planta de investigaciones físicas en Suiza.

Izquierda: En esta foto, Albert Einstein tiene sesenta y cinco años.

IMPORTANT DATES

1879 Albert Einstein is born in Ulm, Germany.

1880 The Einstein family moves to Munich.

1884 Young Einstein is fascinated by a pocket compass.

1894 The Einstein family moves to Italy, leaving Albert at school in Munich. Einstein later leaves school without finishing his studies and joins his family.

1895 Einstein goes to the Aarau School in Switzerland to study.

1896 Einstein enters college at the Institute of Technology in Zurich.

1900 Einstein finishes his schooling at the Institute of Technology. He publishes his first scientific paper.

1902 Einstein starts work at the Patent Office in Bern, Switzerland.

1903 Einstein and Mileva Maric are married.

1904 Einstein and Mileva's first son, Hans Albert, is born.

1905 Einstein publishes several scientific papers. Two of them are on Special Relativity. One paper contains his famous equation $E=mc^2$.

1909 Einstein leaves the Patent Office and begins teaching at the University of Zurich.

1910 The Einsteins' second son, Eduard, is born.

1914 The Einstein family moves to Berlin. Later that year, Einstein and Mileva separate. Mileva moves back to Zurich with the children.

1915 Einstein signs a document that calls for a special group to be formed in order to bring world peace.

FECHAS IMPORTANTES

1879 Albert Einstein nace en Ulm, Alemania.

1880 La familia de Einstein se muda a Munich.

1884 El joven Einstein es fascinado por una brújula de bolsillo.

1894 La familia de Einstein se muda a Italia, y deja a Albert en la escuela en Munich. Más tarde, Einstein deja la escuela sin terminar sus estudios y se reúne con su familia.

1895 Einstein asiste a la escuela de Aarau, en Suiza.

1896 Einstein empieza sus estudios universitarios en el Instituto Politécnico, en Zurich.

1900 Einstein termina sus estudios en el Instituto Politécnico. Publica su primer artículo científico.

1902 Einstein empieza a trabajar en la Oficina de Patentes de Berna, Suiza.

1903 Einstein y Mileva Maric se casan.

1904 Nace Hans Albert, el primer hijo de Einstein y Mileva.

1905 Einstein publica varios artículos científicos. Dos de ellos son sobre la teoría de la relatividad especial. Uno de los artículos presenta su famosa ecuación $E=mc^2$.

1909 Einstein deja la Oficina de Patentes y comienza a enseñar en la Universidad de Zurich.

1910 Nace Eduard, el segundo hijo de los Einstein.

1914 Einstein y su familia se mudan a Berlín. Más tarde ese año, Einstein y Mileva se separan. Mileva vuelve a Zurich con los niños.

1915 Einstein firma un documento que pide que se forme un grupo especial para lograr la paz mundial.

1919	Einstein and Mileva get divorced. Einstein marries Elsa Lowenthal.	1919	Einstein y Mileva se divorcian. Einstein se casa con Elsa Lowenthal.
1921	Einstein is awarded the Nobel Prize for Physics.	1921	Einstein recibe el premio Nobel en física.
1922	Einstein joins the League of Nations.	1922	Einstein se une a la Liga de Naciones.
1933	Einstein moves to the United States and begins teaching at Princeton University in New Jersey.	1933	Einstein se muda a los Estados Unidos y comienza a enseñar en la Universidad de Princeton, en Nueva Jersey.
1936	Elsa Einstein dies.	1936	Muere Elsa Einstein.
1940	Einstein becomes a United States citizen.	1940	Einstein se hace ciudadano estadounidense.
1943	Einstein advises the U.S. Navy on weapons.	1943	Einstein asesora a la Marina estadounidense sobre armas.
1948	Einstein becomes ill.	1948	Einstein se enferma.
1955	Albert Einstein dies at the age of seventy-six.	1955	Einstein muere, a la edad de setenta y seis años.

GLOSSARY

Astronomer: A person who studies stars, planets, and space.

Eclipse of the Sun: A period of time when the Sun is covered by another object in the sky. In an eclipse of the Sun, the light from the Sun is blocked to people on Earth. In an eclipse of the Moon, the Moon is covered by another object in the sky, and the light from the Moon is blocked.

Geometry: A branch of mathematics that deals with the measurement of shapes.

General Relativity: Einstein's theory that states that the laws of science are the same for all observers, no matter where they are placed or how they are moving.

Gravity: In Isaac Newton's theories, the pushing or pulling force that all objects have on the objects around them.

Light Rays: Waves of energy that move at a set speed. The speed of light is 186,000 miles (about 299,000 km) per second.

Matter: The material of the universe. Matter is made of tiny particles called atoms.

Mass: How much matter an object contains.

Orbit: A curved path through space.

Physics: The study of matter and forces.

Space: The area of the universe.

Special Relativity: An early version of Einstein's theory, which stated that the laws of science should be the same for all observers moving at a set speed.

GLOSARIO

Astrónomo: Una persona que estudia el Sol, la Luna, las estrellas, las planetas y el espacio.

Eclipse del Sol: Un período de tiempo cuando el Sol es cubierto por otro cuerpo en el cielo. En un eclipse solar, la luz del Sol es bloqueada y no se puede ver desde la Tierra. En un eclipse lunar, la Luna es cubierta por otro cuerpo en el cielo y su luz es bloqueada.

Espacio: El área del universo.

Física: El estudio de la materia y las fuerzas.

Geometría: Una rama de las matemáticas que trata de la medición de figuras.

Gravedad: En las teorías de Isaac Newton, las fuerzas de rechazo o atracción que todos los objetos tienen sobre los objetos a su alrededor.

Masa: La cantidad de materia que tiene un objeto.

Materia: El material del universo. La materia está formada por pequeñísimas partículas, llamadas átomos.

Órbita: Un camino curvo a través del espacio.

Rayos de luz: Ondas de energía que se mueven a una velocidad determinada. La velocidad de la luz es de 186.000 millas (aproximadamente 299.000 kilómetros) por segundo.

Relatividad Especial: Una primera versión de la teoría de Einstein, que dice que las leyes de la ciencia deberían ser las mismas para todos los observadores que se muevan a una velocidad determinada.

Relatividad General: La teoría de Einstein que dice que las leyes de la ciencia son las mismas para todos los observadores, sin que importe dónde se encuentren o cómo se estén moviendo.

INDEX

Aarau, Switzerland, 18
Atomic bomb, 56
Atoms, 47

Besso, Michele, 21

Crommelin, Andrew, 5, 6

E=mc^2, 37–39
Eclipse of the Sun, 4, 5
Eddington, Arthur, 5, 6
Einstein, Albert
  awards, 48–49
  birth, 12
  childhood, 12–18
  death, 58
  divorce, 40
  illness, 45
  marriage, 25
  school, 15–21
  teaching, 39, 50
Einstein, Eduard, 25
Einstein, Hans Albert, 25
Einstein, Hermann, 12, 14
Einstein, Jakob, 14–15
Einstein, Pauline, 12, 13
Ether, 34–35

Gravity, 7, 27, 43
Grossman, Marcel, 21, 22

Hitler, Adolf, 53–55

Institute of Technology
  Italy, 18–22
Law of Gravity, 27
Laws of Motion, 27
League of Nations, 47
Lowenthal, Elsa, 45

Maric, Mileva, 21, 24–25,
  40, 45, 46
Maxwell, James Clark, 34
Michelson, Albert
  Abraham. 32, 34–36
Morley, Edward
  Williams, 32, 34–36

Newton, Isaac. 26–28,
  32, 36
Nobel Prize, 49

Patent Office, 22–24
Princeton University,
  50, 55
Prussian Academy of
  Sciences, 40

Roosevelt, President
  Franklin D., 56
Royal Society, 5, 8, 10

Space, 6–8, 33
Speed of Light, 32, 34,
  36, 39

Theory of Relativity, 6, 8,
  10, 11, 26, 36, 41, 43, 47
Theory of Special
  Relativity, 36–37

Ulm, Germany, 12
University of Zurich, 39

Weber, Heinrich, 20
World War I, 40–42, 47
World War II, 56

Zionism, 51
Zurich, Switzerland, 18–22

ÍNDICE

Aarau, Switzerland, 18
Academia de Ciencias de
  Prusia, 40
Atomos, 47

Besso, Michele, 21
Bomba atómica, 56

Crommelin, Andrew, 5, 6

E=mc^2, 37–39
Eclipse del Sol, 4, 5
Eddington, Arthur, 5, 6
Einstein, Albert
  casamiento, 25
  divorcio, 40
  educación, 15–21
  enfermedad, 45
  enseñar, 39, 50
  muerte, 58
  nacimiento, 12
  niñez, 12–18
  premios, 48–49
Einstein, Eduard, 25
Einstein, Hans Albert, 25
Einstein, Hermann, 12, 14
Einstein, Jakob, 14–15
Einstein, Pauline, 12, 13
Espacio, 6–8, 33
Éter, 34–35

Gravedad, 7, 27, 43
Grossman, Marcel, 21, 22

Hitler, Adolf, 53–55

Instituto Politécnico
  Italia, 18–22

Ley de la gravedad, 27
Leyes del movimiento, 27
Liga de Naciones, 47

Lowenthal, Elsa, 45

Maric, Mileva, 21, 24–25,
  40, 45, 46
Maxwell, James Clark, 34
Michelson, Albert
  Abraham, 32, 34–36
Morley, Edward Williams,
  32, 34–36

Nazis, 53–55
Newton, Isaac, 26–28,
  32, 36

Oficina de Patentes, 22–24

Premio Nobel, 49
Primera Guerra Mundial,
  40–42, 47

Roosevelt, presidente
  Franklin D., 56

Segunda Guerra Mundial,
  56
Sionismo, 51
Sociedad Real, 5, 8, 10

Teoría de la Relatividad, 6,
  8, 10, 11, 26, 36, 41, 43, 47
Teoría de la Relatividad
  Especial, 36–37

Ulm, Alemania, 12
Universidad de
  Princeton, 50, 55
Universidad de Zurich, 39

Velocidad de la luz,
  32, 34, 36, 39

Weber, Heinrich, 20

Zurich, Suiza, 18–22